W0074291

DIE SUPPENLINA

Heinz Knobloch

Die Suppenlina

Wiederbelebung
einer Menschenfreundin

Mit über achtzig Rezepten
aus ihrem berühmten Kochbuch

EDITION HENTRICH

Gestaltung:
Michael Schröter
Foto 4. Umschlagseite:
Angret Huth

Satz und Druck:
Druckhaus Hentrich, Berlin
Lithos:
Reprowerkstatt Rink
Buchbinder:
Buchbinderei Heinz Stein, Berlin

ISBN 3-89468-241-8
1. Auflage 1997
Printed in Germany

Der Name von Lina Morgenstern war damals einer der meistgenannten, wo man von sozialer Hilfstätigkeit sprach. Jetzt kennt die Jugend sie kaum noch, und eine Persönlichkeit wie sie war, würde dem heutigen Großstadtmädchen unbegreiflich sein und wahrscheinlich maßlos von ihm unterschätzt werden.

Franziska Tiburtius, 1923

Sie war eine der seltenen Frauen, die Deutschtum und Judentum harmonisch zu verbinden wissen.

Ludwig Geiger, 1909

VORSPEISE

Dieses Buch lebt von einer ungewöhnlichen Frau. Und zwei ihrer Bücher. In dem einen erzählt sie von ihrer Gründung der Berliner Volksküchen und der Geschichte ihres Vereins, von Erfolgen und Hindernissen.

Warum authentisch-zeitgenössische Schilderung in eine Romanhandlung stülpen? Warum Dialoge erfinden? Es gibt sie im Original. Lassen wir Lina Morgensterns Sprache wirken.

Zum anderen wird ausgiebig verwendet ihr »Illustriertes Universal-Kochbuch für Gesunde und Kranke«; es enthält »Nahrungsmittellehre, Theorie der Kochkunst, sowie nahe an 3 000 erprobte und bewährte Rezepte für die bürgerliche, die feinste und die Krankenküche. Ausführliches Lehrbuch für Kochschulen und zum Selbstunterricht«. In seiner 8., sorgfältig durchgesehenen und vermehrten Auflage (1906). Falls unsereins sich zurechtfindet unter den abgebildeten Auszeichnungen auf internationalen Ausstellungen und Wettbewerben zwischen Chicago und Cottbus, schmücken vierzehn Medaillen das Titelblatt.

Meine Auswahl ihrer Rezepte ist willkürlich und absichtlich. Manches sei als ein Stück Kulturgeschichte gelesen, zum Vergnügen, zum Staunen: So war das damals. Anderes sei zum Nachprobieren angeboten. Beliebig. Beim Wiener Schnitzel bleibt die Zeit stehen.

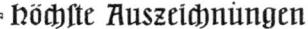

höchste Auszeichnungen

auf den Internationalen Ausstellungen für hygiene und Kochkunst
in Berlin, Chicago, Amsterdam, Brüssel, Leipzig,
ferner in hamburg, Kottbus etc.

Illustriertes
Universal-Kochbuch

für Gesunde und Kranke

enthält

Nahrungsmittellehre, Theorie der Kochkunst, sowie nahe an
3000 erprobte und bewährte Rezepte für die bürgerliche, die
feinste und die Krankenküche.

Ausführliches Lehrbuch für Kochschulen und zum Selbstunterricht
von

Lina Morgenstern.

Mit vielen hundert Illustrationen und Kunstbeilagen.

8. sorgfältig durchgesehene und vermehrte Auflage.

Berlin.
frankfurt a. M
hamburg.
Wien.
etc. etc.

Zahlreiche Dank- und
Anerkennungsschreiben aus allen
Weltteilen.

Paris.
Straßburg i. E.
Brüssel.
Ulm.
etc. etc.

Spezialverlag für Kochbücher

W. herlet in Berlin S.W. 68, Lindenstraße 101/102.
1906

Wiener Schnitzel.

—— ◇ ——

1 kg Kalbskeule, 1 Ei, geriebene Semmel,
Butter, Salz

Aus der Nuß der Kalbskeule schneidet man
handgroße Scheiben, die man klopft, salzt, in
Ei und geriebene Semmel hüllt, in heißer
Butter auf jeder Seite 5–8 Minuten goldbraun
bratet, mit gerollten Sardellen, Kapern, kleinen Pfeffergurken, geschnittenen Salzgurken
und Zitronenscheiben garniert und roh in
Stifte geschnittene Kartoffeln, pommes de
terre frittes, dazu gibt.

Ob Lina Morgensterns Rezepte für ihre Volsskü-
chen dem Vergleich mit heutigen Zutaten stand-
halten – und umgekehrt –, sei Proben aufs Exem-
pel überlassen.

Manches aus dem Dasein und Wirken dieser
Frau konnte nur am Rande behandelt werden, z. B.
ihre vielfältige Sozialarbeit, ihr Mühen um Kinder,
junge Mädchen und Frauen, ihre Ansprüche und
Rechte. Dies weiter zu erforschen bleibe anderen
vorbehalten, die davon mehr verstehen.

Mir geht es eigentlich darum: Den mittlerweile
vergessenen Namen dieser Berliner Wohltäterin,
dieser jüdischen Deutschen, in unsere zunehmend
eigennützige Gegenwart zurückzuholen.

H. K.

ZUM KENNENLERNEN

Wir müssen uns eine nicht sehr große, aber resolute Frau vorstellen, die erreicht, was sie will. Sie trägt einen Kneifer. Sie ist im Jahre 1866, als wir uns mit ihr beschäftigen, 36 Jahre alt und hat in zwölfjähriger Ehe bisher fünf Kinder geboren. Das älteste ist elf, ihr Jüngster ein Jahr alt.

Lina Morgenstern, geborene Bauer, aus Breslau gebürtig, lebt seit ihrer Heirat in Berlin. Theodor Morgenstern unterhält an der Ecke Friedrichstraße/Behrenstraße ein Warengeschäft, was immer das sein mag, denn wir wissen nicht, womit er handelt. Der Laden ernährt, wie man so sagt, »seinen Mann«, aber auch die Familie. So lange, bis der gutmütige Theodor fast sein ganzes Vermögen verliert, die Mitgift inclusive, denn er hat für Freunde gebürgt ...

Da schreibt Lina Kinderbücher, um zum Unterhalt der Familie beizusteuern, und engagiert sich in einem Verein, den sie 1859 mitbegründet, den »Frauenverein zur Beförderung Fröbelscher Kindergärten«. Aber Kindergärten waren seit dem 7. August 1851 verboten in Preußen! Bis 1860. Der weitblickende Pädagoge Friedrich Fröbel (1782–1852) konnte nicht voraussehen, daß seine humanistischen, die menschliche Schöpferkraft anregenden Kindergärten noch zu seinen Lebzeiten in Preußen und einigen anderen deutschen Staaten verboten werden würden. Wegen »destruktiver Tendenzen«, denn angeblich würde dort die Jugend aller Klassen und Religionen – durch Spiel, Musik und Handarbeiten? – zum Atheismus und Sozialismus verführt.

Die Behörden aber hatten nicht mit Lina Morgenstern gerechnet. Sie wurde von 1861 bis 1866 Vorsitzende des Vereins und eröffnete nacheinander acht Kindergärten, dazu eine Bildungsanstalt für Kindergärtnerinnen.

»Das Paradies der Kindheit« hieß das Handbuch, das Lina Morgenstern 1861 über Fröbels Lehre veröffentlichte. Ein europäisches Lehrbuch, würde man heute sagen. Es erreichte sieben Auflagen. Dazu gab es noch andere Bücher zum Thema Kindergarten, Schule und Fröbel.

Mit diesem Verein der Frauen zur Beförderung der Fröbelschen Kindergärten in Berlin »bekundete sich«, so Lina Morgenstern selber, »ein neuer Geist unter den Frauen Berlins«. Die Frage der Kindererziehung wurde zum »Ausgangspunkt der Frauenbewegung«. Sie konnte mitreden.

1864, als Mütter ihre Söhne in den Krieg gegen Dänemark hergeben mußten, schreibt sie: »Die Frau hat die eigentliche Aufgabe, alle edlen Beispiele großer Menschen in sich aufzunehmen und zu verarbeiten, um ihre Kinder, vorzugsweise die Knaben, an den ideellen Vorbildern zu tüchtigen Menschen zu bilden.« So ihr die Militärs diese zu Besserem geborenen und gebildeten Menschen nicht als Kanonenfutter wegnehmen. Das hat Lina Morgenstern in ihrem der Fürsorge und Menschlichkeit gewidmeten Leben vielleicht erkannt, so deutlich aber nie ausgesprochen.

Damit sind wir wieder im Jahr 1866. In Wien schreibt Johann Strauß den Walzer »Wiener Bonbon«, in Paris wird Offenbachs Operette »Pariser Leben« erfolgreich uraufgeführt. In Berlin aber wird der nächste Krieg angefacht.

Worum es ging? Wie immer um irgendeine Vorherrschaft. Deren Bedeutung wird den Einwohnern eingeredet von den jeweils Herrschenden. Damals in Preußen, damals in Österreich – jede Regierung betont den Patriotismus. Bündnisse werden erwähnt, Reformen angekündigt; es ging um Schleswig-Holstein, das sollte selbständig werden. Aber ob die Eltern in Angermünde, die Ehefrauen in Graz, die zum Schießen auf Mitmenschen eingeteilten Söhne in Wiener Neustadt oder Neuruppin sagen konnten, worum es ging? Orden und Geld werden versprochen, verkleidet mit Wörtern wie Ehre, Vaterland, an das geglaubt werden soll, für das gestorben werden darf, möglicherweise. Mit geistlichem Beistand.

Nur ein paar weitblickende Frauen sehen die Sache etwas anders. Bertha Richter, die Frau des Mariendorfer Pfarrers, und Lina Morgenstern, von »beklemmender Sorge und Angst« erfüllt angesichts der »energischen Vorbereitungen« für den drohenden Krieg, den sie »Bruderkrieg mit Österreich« nennt.

Der Dialog der beiden Frauen sei nicht vorenthalten.

»Es wird ganz entsetzlich werden!« sagt Lina Morgenstern, die bemerkt hat, daß die »Geschäftsverhältnisse« stocken und man »Hunderten von brotlos gewordenen Arbeitern« begegnet.

Die Pfarrersfrau: »Nun lassen Sie erst alle kriegsfähigen Männer zur Armee gerufen werden, da sehen sich Tausende Familien in Not und Elend, die von der Hand in den Mund leben und die nun nicht ein Stücklein Brot zu Hause haben. Mit der Kriegsfurie ziehen voraussichtlich Not, Hunger und Krankheit ins Land!«

Dazu befragt, antwortet Bertha Richter, die sich als Pfarrersfrau schon immer um Arme kümmert, die zu erwartende Verteuerung der Lebensmittel – schließlich möchte, wer kann, am Krieg etwas verdienen – würde ihre Mariendorfer Einwohner besonders betreffen: »Ich will deshalb Proviant in Massen einkaufen und lasse den armen Familien von Mariendorf die Waren dann für den Selbstkostenpreis ab.«

Schön und gut im entfernten Mariendorf. Aber was die Stadt angeht, hat Lina Morgenstern eine Idee und meint, wenn die Soldatenfrauen »ihre Männer dem Vaterlande hergeben« – diese Formulierung sei beachtet: »hergeben« –, womit werden sie den Hunger ihrer Kinder stillen? »Wenn Tausende durch den Krieg verarmen« – also nicht einmal der versprochene Sieg wird etwas ändern –, »wird die Flamme am häuslichen Herd verlöschen.« Das klingt poetisch. Doch ohne Gasflamme oder Elektrizität, ganz zu schweigen von Mikrowelle, ist 1866 der häusliche Herd etwas, in dem mit Holz Glut angefacht werden muß, um schon morgens warmes Wasser zu erzeugen für Suppe und Kaffee.

Tausende, so Lina Morgenstern, bereiten in einer Küche die Hauptmahlzeit des Tages, da möchte sie »mit fürsorglicher Liebe darüber wachen, daß die Speisen schmackhaft, genügend und auf die billigste Weise hergestellt und verkauft werden«.

Die Pfarrersfrau rät: Nichts verschenken! »Wir müssen die Leute nicht von vornherein zu Bettlern machen!« Sie wird preiswert einkaufen, und Frau Lina möge in der Stadt »für das Volk kochen!«

Daheim angekommen, bringt Lina ihre fünf Kinder zu Bett. Und hat dabei erstmals »Nebengedanken«. Sie sieht die Kinder der »unzähligen Armen, von denen der Vater Abschied nahm . . ., die wehklagenden Mütter, die mit Sorge und Kummer auf ihre Kinder blicken, denen der Ernährer so plötzlich entzogen war . . .« Die Not kommt. »Ich will ihnen helfen, daß sie wenigstens nicht zu hungern brauchen!«

AM ANDEREN MORGEN

Sie verbrachte die Nacht schlaflos und entwarf am Morgen einen Aufruf zur »Begründung von Volksküchen«. Die gab es zwar schon als wohltätige Einrichtung in anderen Städten, in Berlin jedoch nicht.

So wird Lina Morgenstern zur Begründerin der Volksküchen in Berlin.

Dazu aber muß zunächst ein Aufruf im besten Wortsinne aufrufen. Wie erreicht er die Öffentlichkeit? Lina Morgenstern eilt mit ihrem Manuskript in die Redaktion der vermutlich von ihrer Familie gelesenen, der weitverbreiteten, ältesten Zeitung Berlins, der Vossischen. Freundlich empfängt sie Dr. Otto Lindner, der Chefredakteur, lehnt aber die Veröffentlichung zunächst ab. (Was ihm heutzutage einige betonte Feministinnen verübeln. Ihnen fehlen Kenntnisse und Einfühlungsvermögen in das Umfeld von 1866...)

Lindner, erfahren genug, gibt solchem Aufruf – auch angesichts der Kriegswirren – wenig Chancen, wenn er nicht »von einflußreichen Männern und Frauen unterzeichnet ist«. Das dürfte auch heutzutage so ablaufen.

Lina, unverdrossen, will solche Menschen suchen und denkt, das sei recht einfach, weil so naheliegend. Tagelang war sie in den ersten Junitagen unterwegs. Das Auto war noch nicht erfunden, ebensowenig die Elektrische Straßenbahn; es gab kein Telefon. Aber Pferdedroschken.

So sprach sie vor.

Die einen antworteten ihr: Was denn, jetzt? Wenn »Deutsche gegen Deutsche kämpfen sollen?« Anderen, die gibt es auch immer, gefiel ihr Plan, aber: »Man muß jetzt vorsichtig sein. Wenn Sie meine politischen Freunde gewinnen könnten, dann gebe ich auch meine Unterschrift!« »Und so weiter«, schreibt Lina Morgenstern, die in diesen Tagen wertvolle Erfahrungen sammelt. Eigentlich seltsam, daß nicht die Regierung aufgerufen hat, für die vaterlosen Familien zu sorgen, geschweige, daß sie sich dafür verantwortlich fühlt. Daß die Arbeiter kein Vaterland haben, sprach sich noch nicht herum.

WIE DIE GRÜNDUNG GELANG

Vier Tage war Lina Morgenstern in Berlin unterwegs. Schließlich gelangte sie auf ihrem Bittweg zum ehemaligen Eisenbahndirektor Joseph Lehmann, dem Chefredakteur des »Magazins des Auslands«. Der war nicht zu Hause, aber Frau und Töchter empfingen Frau Morgenstern »mit herzlicher Teilnahme«.

Lina nutzt die Zeit, um ihren Aufruf zu überarbeiten, bis »der edle Mann« kam; er war »der erste, der meinen Plan mit der Herzenswärme eines Jünglings auffaßte«. Doch auch er meint, erst müßten andere Namen seinem vorangehen wie Twesten, Virchow, v. Holtzendorff, Präsident Lette und andere mehr.

Lina Morgenstern besucht den 46jährigen Stadtgerichtsrat Karl Twesten, einen preußischen Politiker. Der sagt: »Mit Vergnügen gebe ich Ihnen meinen Namen. Sie haben ein vortreffliches Werk vor, harren Sie nur aus, es wird gelingen!«

Nun faßte sie Mut und suchte Rudolf Virchow auf, den berühmten Professor – und wurde »auf's Liebenswürdigste empfangen«. Virchow gab seine

»gewichtige Unterschrift«, nachdem Lina ihm erläutert hatte, daß es sich nicht um Suppenanstalten oder Almosenküchen handle, sondern um wirtschaftliche Hilfe, und daß »die zu gründenden Küchen auf Selbsterhaltung einzurichten seien«.

Sicher empfahl man ihr weitere Adressen. Oder gab lieber eine Empfehlung schriftlich mit. Wer kannte schon eine Frau Morgenstern? Es wird ihr nicht leichtgefallen sein, als Unbekannte an fremden Türen zu bitten, empfangen zu werden.

Von Virchow ging Lina zu Franz Duncker, dem Buchhändler und Politiker. Er stand seit dem vergangenen Jahr an der Spitze des Berliner Handwerkervereins und wurde später Mitbegründer der Hirsch-Dunckerschen Gewerkvereine.

So fand sie eine Anzahl einflußreicher Männer für die Einrichtung der Volksküchen und lud zum 6. Juni 1866 in ihre Wohnung in der Leipziger Straße 73 zu einer Zusammenkunft ein.

Rund ein Dutzend Namhafter erschien, darunter Virchow und Max Ring, der Arzt und Schriftsteller. Prof. Franz v. Holtzendorff kam, die Fabrikanten Elster und Soltmann und Präsident Adolf Lette, der als Befürworter und Teilnehmer der Revolution von 1848 auch später politisch aktiv und sozial engagiert blieb. Er gründete und förderte etliche gemeinnützige Vorhaben und war gerade dabei, einen Verein einzurichten zur »Beseitigung der der Erwerbstätigkeit der Frauen entgegenstehenden Vorurteile«. Gleichzeitig entstand seine Gewerbe-, Zeichen- und Handelsschule für Frauen, als »Lette-Schule« ihn überlebend.

So kamen geeignete Partner zusammen, um einen Verein zu gründen mit dem Zweck: Errichtung von Volksküchen in allen Berliner Stadtteilen, um gesunde, nahrhafte, schmackhafte Speisen zum Selbstkostenpreis an jedermann zu verkaufen.

Ziel des Vereins: Selbsterhaltung von Küchen, Beschaffung des Grundkapitals durch Sammlung freiwilliger Beiträge. Verwaltung und Leitung durch freiwillige Tätigkeit.

Lina Morgenstern hatte die Statuten entworfen und legte sie mit ihrem Aufruf vor. Den Vorsitz des zu gründenden Vereins übernahm Karl Twesten. Assessor Lehfeldt schrieb das Protokoll, in dem Linas Vorschlag zu lesen ist, »nach Art der Consumvereine Volksküchen zu errichten mit dem Princip: ärmeren Personen durch gemeinschaftlichen Ankauf von Nahrungsmitteln gute und billige Nahrung zu verschaffen«.

In der zweiten Versammlung wurde beschlossen, »das Unternehmen im ganzen Umfang des Planes der Gründer anzunehmen«.

Der mit Datum vom 8. Juni 1866 verabschiedete Aufruf an die »Mitbürger Berlins« begann:

»Infolge des drohenden Krieges sind viele Einwohner, welche dem Arbeiter- und kleinen Gewerbestande angehören, in unverschuldete Not geraten. Zur Stockung im Erwerb ist eine Teuerung der notwendigen Lebensmittel hinzugetreten. Der Druck dieser Verhältnisse dürfte zweckmäßig auch dadurch zu mildern sein, daß man auf genossenschaftlichem Wege den einzelnen Haushaltungen den Einkauf und die Zubereitung der Nahrungsmittel zum Engrospreise ermöglicht.«

Die einzurichtenden Volksküchen werden »jedem ohne Unterschied« Speisen zum Selbstkostenpreis verabreichen. Zur weiteren Besprechung bitten die Unterzeichneten – sechzehn Frauen, fünfundzwanzig Männer – zu einer Versammlung ins Englische Haus.

Das war ein Gesellschaftslokal in der Mohrenstraße 49 mit einem der schönsten und geräumigsten Tanz- und Konzertsäle Berlins. Genutzt von Vereinen, für Bälle, Konzerte, Vorlesungen, Hochzeiten und festliche Essen aller Art. Ein Ort, der dem zu erwartenden Publikum gut bekannt war. Es erschien daher überaus zahlreich.

Die Versammlung wählte einen engeren Ausschuß, das Comité der Volksküchen konstituierte sich – der Verein war gegründet und wandte sich am 21. Juni erneut an die Öffentlichkeit.

Nicht zu früh, denn der Krieg hatte begonnen. Bereits am 16. Juni rückten preußische Truppen in Hannover, Kurhessen und Sachsen ein, anderntags hatte Kaiser Franz Joseph sein Kriegsmanifest erlassen, am 18. Juni folgte der König von Preußen.

Es war in Berlin gelungen, in kurzer Zeit die Mittel zur Errichtung von vier Volksküchen aufzubringen. Jede sollte für täglich 1 000 bis 1 200 Portionen sorgen können. Wenn es zehn bis zwölf dieser Anstalten gäbe in den verschiedenen Stadtteilen, könnte das Bedürfnis gedeckt werden.

Dafür würden ungefähr 12 000 bis 14 000 Taler benötigt. Über 4 000 Taler waren bereits gesammelt worden, das Gründungskapital. Vereinsbeiträge würden nicht erhoben, da sich die Volksküchen selbst finanzieren sollten.

DIE ERSTE VOLKSKÜCHE

Alles schien bestens geregelt. Die gute Idee war vorhanden und mußte nur noch umgesetzt werden in eine praktikable Realität. Aber das war schwierig. Wo konnte, wo durfte wie beabsichtigt für das Volk gekocht werden?

Jacques Meyer ließ auf seinem Fabrikgrundstück in der (wie sie damals hieß) Köpenickstraße eine Küche bauen. Andere Herren aus dem Comité wurden beauftragt, in einem unbenutzten Lokal der Armenspeiseanstalt in der Brunnenstraße 115 eine Volksküche zu eröffnen. Auch andere Unterzeichner waren bereit.

Zwar hatte der Oberbürgermeister a. D. Krausnick, der damals den – im Winter geöffneten – Armenspeisungslokalen vorstand, die Genehmigung erteilt, sie vom Volksküchenverein nutzen zu lassen.

»Allein der Monat Juni verfloß«, schreibt Lina Morgenstern, »ohne daß die Herren weiterkamen.«

Der Krieg war in vollem Gange. In Berlin beschäftigte die Cholera die Menschen mehr als die Bulletins aus Böhmen.

Da erbat sich Lina Morgenstern die Erlaubnis, eine erste, wenigstens provisorische Volksküche eröffnen zu dürfen. Die Frau, die überhaupt auf die Idee gekommen war, muß als Bittstellerin auftreten . . .

Der Vorsitzende des Comités, Herr von Hennig, gibt die Genehmigung nur zögernd und erklärt: Was die Männer bisher nicht vermochten, »werde eine Frau nicht in drei Tagen vollbringen«. Aber Lina Morgenstern bekommt am 4. Juli einen Vorschuß von 400 Talern. Sie darf probieren.

Am Vortage hatten die Preußen bei Königgrätz, das später ein Geschichtsname werden sollte, mit ihrer modernen Bewaffnung die Österreicher entscheidend besiegt. Ungeheure Verluste, gemessen an damaligen Zuständen; Österreich: 1 313 Offiziere und 41 999 Mann. Preußen verlor 359 Offiziere und 8 794 Mann. Hatte Lina Morgenstern schon vor Ausbruch des Krieges falsch kalkuliert, wenn sie viel Not und Elend erwartete?

Am 7. Juli kochte die Unentwegte mit Helfern vor einem »Aufsichtscomité von 21 Damen und einigen Herren Probe«. Am 9. Juli wurde die Volksküche für das Publikum eröffnet. In einem Lokal der Städtischen Armenspeisung in der »Charlottenburger Straße 87«. (Offenbar ein Fehler. Lina Morgenstern nimmt es nicht immer genau, z. B. mal »v.«, dann wieder »von«, was durchaus einen Unterschied bedeutet. Zu jener Zeit hat Berlin keine Charlottenburger, sondern nur seine Charlottenstraße.)

Drei Tage vor der Eröffnung: »Das Aufsuchen und Anlernen einer Wirtschafterin oder Köchin, die Zusammenstellung der Speisen, die Einteilung der Portionen«, dazu der Einkauf, die Auswahl der Lieferanten. Außerdem war ein Markensystem zu entwickeln, und »21 Damen vom Lokalcomité« waren einzuladen zur ehrenamtlichen Mitarbeit.

Nichts war vorbereitet. Schon seit dem Plan für solche Küchen hatte Lina Morgenstern sich beraten. Mit dem Friedrich-Wilhelm-Hospital, mit Speiseanstalten, Arbeitshäusern, auch der Arbeiterküche in Hannover.

Am 9. Juli holten sich über hundert Hungrige ihre Portion. Es war etwas unbequem, denn die Marken mußten am Vortage gekauft werden. Schließlich wurde nach den Vorbestellungen gekocht. Der Anfang war aber gelungen.

Die Comitémitglieder – Lina Morgenstern nennt sämtliche Namen – kauften Eßmarken und nahmen damit vielen Besuchern die erste Scheu, denn es kamen auch Hungrige »aus besseren Gesellschaftskreisen, die durch den Krieg verarmt waren« und solche Speisung bestenfalls aus der Bibel kannten. Das aber war lange her.

Es ist verständlich, daß diese Begegnung zögernd erfolgte. Eine Suppenanstalt, die keine Almosen verabfolgte und nichts verschenkte, war ungewohnt. Auf der anderen Seite empfanden die meisten Damen vom Comité die Verteilung von Spenden als bereits geübte Wohltätigkeit. Hier aber galten neue Regeln. Täglich stand ein Herr, wie Lina Morgenstern erwähnt, als Aufsicht in der Küche bei, darunter auch ihr Mann Theodor.

Neu und ungewohnt war ferner, daß man sich die Speisen abholen mußte. Doch es gab bald Stammgäste, die in einer Ecke an Ort und Stelle aßen.

Der Krieg war schnell zu Ende. Das preußische Zündnadelgewehr mit seiner überlegenen Schußfolge hatte eine neue militärische Epoche einge-

Brühkartoffeln mit Rindfleisch.

◇

*Zutaten: 100 kg Kartoffeln auf 100 l und
14 kg Fleisch*

Die sauber gewaschenen und in Stücke zerschnittenen Kartoffeln werden in kochendem
Wasser und mit dem notwendigen Salz aufgesetzt und weich gekocht. Dann wird das Wasser abgelassen und kräftig, reichlich mit
Zwiebeln und Wurzelwerk gekochte Fleischbrühe darauf gegossen und unter Hinzufügen
einer hellen Schwitze von Mehl und Fett unter fortwährendem Rühren aufgekocht. Pfeffer, Kümmel und grüne Petersilie bilden die
Würze.

läutet, besser: herbeigeschossen. Doch in den eigenen Reihen forderten die Cholera und das noch
nicht ausgebildete Sanitätswesen nachträgliche
Verluste.

Hätte Lina Morgenstern Einblick gehabt in die
Feldpost, sie hätte lesen können, was Bismarck an
seine Frau schrieb: »Unsere Leute sind zum Küs-
sen, jeder so todesmutig, ruhig, folgsam, gesittet,
mit leerem Magen, nassen Kleidern, nassem Lager,
wenig Schlaf, abfallenden Stiefelsohlen, freundlich
gegen alle, kein Plündern und Sengen, bezahlen,
was sie können, und essen verschimmeltes Brot.
Es muß doch ein tiefer Fond an Gottesfurcht

im gemeinen Mann bei uns sitzen, sonst könnte das alles nicht sein.« Mit solchen Leuten konnte man bald bis vor Paris, später nach Verdun und bis Stalingrad ziehen. Auf den Koppelschlössern stand »Gott mit uns«.

Die Herren vom Vorstand waren nicht zufrieden. Weil die Küche funktionierte? Sie legten ihre Ämter nieder, reisten schleunigst ab wegen der Cholera, wie Herr v. Hennig. Der Schriftführer des Vereins schickte Lina die Akten ins Haus. Ein neuer Vorstand mußte gewählt werden. Eine Generalversammlung war nötig geworden. Sie fand am 27. Juli statt.

Bis dahin zu warten, paßte Lina Morgenstern nicht. Sie »fühlte, daß energisch« weitere Küchen eingerichtet werden müßten, und eröffnete am 18. Juli die 2. Volksküche in der Brunnenstraße 155.

EINE GESELLSCHAFTLICHE WOHLTAT

In den ersten Julitagen, kaum daß ihr Vorhaben in Berlin verwirklicht werden kann, schreibt Lina Morgenstern einen Artikel für die »Gartenlaube«, ein damals volkstümliches und freigeistiges Wochenblatt für die Familie.

Sie erläutert Einzelheiten und den Nutzen: »Solche Volksküchen sollen eine allgemeine, gesellschaftliche Wohltat der freien Vereinigung werden, die jeder Bedrängte umso eher annehmen kann, je weniger sie ihm als beschämendes Almosen entgegentreten.«

Familienzusammenführung gehört dazu. Hier arbeitet der Mann, dort »das Weib« – was ihrerzeit nicht als herabsetzend zu lesen ist –, »und die in Fabriken beschäftigten Kinder« – das ist 1866 traurige Normalität – verzehren vielleicht »in einer dritten ihnen naheliegenden Küche ihre Mahlzeiten«. Das soll nicht sein. Das »Unheil der Familienauflösung« muß verhütet werden. »Die Volksküchen ersparen der Frau des Arbeiters wie des kleinen Gewerbetreibenden die Feuerung, die Zeit und Kraft, die sie der Küche für den Haushalt widmen müßten und die sie nun besser für Mann und Kinder verwerten können.« Das hat sie in Berlin immer wieder vorgetragen, bis sie ihre Mitstreiter überzeugen konnte: Dem Unbemittelten wird ein »großer Betrag an Geld erspart, welchen er für verhältnismäßig schlechtere Nahrungsmittel im einzelnen ausgeben müßte«.

Die Volksküchen kommen nicht nur als erwähnte große gesellschaftliche Wohltat dem einzelnen zugute, sondern sie sind »in volkswirtschaftlicher Beziehung ein großer Fortschritt«.

Die »Gartenlaube« druckt »gern obige Notiz« unter der Rubrik »Blätter und Blüthen«. Die Redaktion begrüßt mit »wahrer Freude« das Projekt und wünscht »ihm und den wackern menschenfreundlichen Unternehmern den besten Erfolg«. Aber sie kann die »Mitteilung nicht zurückhalten«, daß das, was in Berlin »erst angestrebt wird, hier in Leipzig seit längerer Zeit bereits verwirklicht worden ist und schon großen Segen gestiftet hat«. Es folgen Erläuterungen über die »Städtische Speiseanstalt«, die seit 1849 besteht. Schwingt da ein Unterton? War Sachsen nicht gerade von Berlin gedemütigt worden? Als Verbündeter des Kaisers Franz Joseph, der seine Soldaten nicht mit so schnellfeuernden Waffen ausgestattet hatte, wie seine deutschsprachigen Feinde sie anwandten. Nun war Berlin wenigstens auf dem Gebiet der gesellschaftlichen Wohltat im Hintertreffen. Wer mag es der »Gartenlaube« verdenken, wenn sie ausführlich antwortet? Im Unterschied zu Berlin hat 1849 die Stadt Leipzig das Lokal und die notwendige Einrichtung zur Verfügung gestellt, ansonsten erhält sich das von einem Komitee angesehener Bürger geleitete Unternehmen »durch sich selbst«. Täglich 2 500 Portionen »kräftigen Essens«. 1851 hat man die nach Schleswig-Holstein ziehende österreichische Truppenabteilung gespeist und derzeit »die Verköstigung der im hiesigen Schlosse liegenden preußischen Besatzung übernommen«. Leipziger Allerlei für die Sieger.

Wie Lina Morgenstern sich das für Berlin vorgenommen hat: In Leipzig ist »feststehendes Prinzip, daß niemand unentgeltlich gespeist, sondern ihm nur eine kräftige Nahrung um den Kostenpreis der im Ganzen und Großen eingekauften Lebensmittel überlassen wird«. Auch in Leipzig kaufen Wohlhabende Speisemarken und lassen sie an Bedürftige verteilen. Zum Schluß der Hinweis, daß ähnliche Volksküchen in Dresden und Chemnitz der

Leipziger Speiseanstalt »Anregung und Ursprung verdanken«.

Ist das ein Argument für Berlin?

So siegreich wie auf dem Schlachtfeld sieht es in Berlin für die Volksküchen nicht aus. Sind sie jetzt überflüssig?

Nach dem Friedensschluß und der Heimkehr der Soldaten waren sie seltener besucht worden. Die Sponsoren hatten viele Eßmarken gekauft, nun aber hatte der »Consum« nachgelassen. Folglich stellte der Vorsitzende, Herr Mankiewicz, in der Generalversammlung am 9. November 1866 den Antrag, die Volksküchen, die jetzt nicht wie vormals beansprucht werden, zu schließen und »eventuell nur eine versuchsweise bestehen zu lassen«.

Er hatte nicht mit Lina Morgenstern gerechnet! Und der von ihr vertretenen »dauernden sozialen Wohltat«. Ihr Antrag lautete, die Volksküchen müßten weiter bestehen, solange Kapital vorhanden sei.

Die Volksküche als »dauernde soziale Wohltat« sei zu erhalten und müsse reorganisiert werden.

Es ging ihr vor allem um die Speiseräume.

Die 1. Volksküche konnte in das Lokal Kochstraße 9 verlegt werden. Ohne Anspielung. Kein Koch, sondern ein Grundbesitzer dieses Namens hatte einst Gelände gegen Benennung zur Verfügung gestellt.

Hier gab es Speiseräume, in denen zwischen 11 und 13 Uhr bis zu 1000 Portionen verabreicht werden konnten.

Brühgraupen mit Rindfleisch.

◇

Zutaten: An Fleisch, Wurzelwerk, Zwiebeln,
Gewürz und Salz wie bei den
Hülsenfruchtrezepten. Grobe Gerstengraupen
15 kg auf 100 l

Die Graupen werden mit kaltem Wasser be-
hufs Reinigung abgequirlt, das Wasser abgelassen, zerlassenes, siedendes Fett über die
Graupen gegossen, dann frisches, kaltes Wasser darüber, in welchem sie bei schwachem
Feuer aufquellen. Nun gießt man die Brühe
dazu, in welcher sie schleimig weich kochen.
Auch hier kann man fein gehackte Petersilie
und Schnittlauch kurz vor dem Aufgeben zu-
fügen.

Grüne Erbsen mit Mohrrüben.

◇

Quantum Erbsen auf 100 l: 25 kg Erbsen
25 kg Mohrrüben

Man kocht die Erbsen weich, aber so, daß sie
noch ganz bleiben, und schöpft die an die
Oberfläche steigenden Hülsen ab. Mohrrüben
kocht man in Rindfleischbrühe, würzt sie mit
etwas Zucker, dem notwendigen Salz und gehackter Petersilie und vermischt sie mit den
grünen Erbsen, nachdem man sie mit einer
Mehlschwitze (von Rindstalg und Mehl) gebunden hat. Als Beilage: Rindfleisch und ge-
räuchertes Schweinefleisch.

Kohlrabi mit Kartoffeln.

◇

Zutaten: 4 kg Schweinefleisch,
4 1/2 kg Rindfleisch, 6 Schock große Kohlrabi
und 75 kg Kartoffeln auf 100 l

Die geschälten und in Stücke geschnittenen
Kohlrabi werden mit kochendem Wasser gebrüht, abgegossen und in den Kassel getan,
worin man vorher kräftige Fleischbrühe mit
Fett und Mehl seimig gemacht hat. Während
sie weich dünsten, blanchiert man die guten
Blätter, die man von den Strünken befreite,
wiegt sie nicht allzu fein mit zerhackten
Zwiebeln unter Zufügung von Salz und fügt
sie zu den Kohlrabi. Sind dieselben weich, so
untermischt man sie mit gekochten, zerschnittenen Kartoffeln.

Schon in den ersten Tagen großer Zuspruch.
Wer kam? Handwerker, kleine Beamte, Soldaten,
Commis (kaufmännische Gehilfen), Dienstmän-
ner, Studenten, Arbeiterinnen aus Geschäften und
Fabriken, Lehrerinnen, Familien mit Kindern, Kinder allein. Bald gab es Stammgäste. Darunter der
»verarmte Baron v. Falken aus Königsberg«, der
vierundzwanzig Jahre lang, bis zu seinem Tode
(1890), »täglich in der Volksküche speiste«.

KRAFTERHALTENDE
PORTIONEN

Gleich zu Beginn ihrer Bemühungen hat Lina Morgenstern Rezepte veröffentlicht, z. B. in ihrem »Hilfsbuch zur Gründung, Leitung und Controle von Volksküchen«, das 1900 in dritter »erweiterter Auflage, nach 34jähriger Erfahrung« erschien. In diesem Buch erzählt sie die Geschichte ihres Vereins.

Was die Rezepte für Volksküchen angeht, wird hier aus Lina Morgensterns »Illustriertem Universal-Kochbuch« zitiert, das 1906 in achter, »sorgfältig durchgesehener und vermehrter Auflage« erschien. Ein über 650 Seiten starkes Buch, das sich bis heute in Haushalten findet. Ungeachtet, daß es von einer Jüdin stammt, entging es 1933 der Bücherverbrennung.

Lina Morgenstern machte sich Gedanken über die wirtschaftlichen und hygienischen Vorzüge der Volksküchen. Die meisten Arbeiterfrauen haben nicht kochen gelernt. In jedem ärmeren Haushalt wird »Zeit, Kraft, Feuerung zersplittert, um eine Kost zu bereiten, die um so ungenügender ausfällt, je mehr im kleinen für geringe Mittel Rohstoffe eingekauft werden können«. Wer keinen Haushalt hat, ist gezwungen, »sich in kleinen Gastwirtschaften zu beköstigen«, und erhält selten eine schmackhafte, gut nährende und ausreichende Kost. »Es ist eine bekannte Tatsache«, daß sich

Grüne Bohnen mit Kartoffeln.

◇

Zutaten zu 100 l Gemüse: 100 kg grüne
Bohnen, 75 kg Kartoffeln, 1 kg Salz,
Bohnenkraut, 1 kg Mehl, Wurzelwerk und
Zwiebeln zur Brühe, Pfeffer,
1 Bündchen grüne Petersilie

Man zieht die Fäden von den Bohnen, bricht
sie in 2–3 Stücke, wirft sie einige Minuten in
kochendes Wasser, gießt es ab, füllt gut mit
Wurzelwerk und Zwiebeln verkochte klare
Fleischbrühe auf, fügt Salz und Pfefferkraut
hinzu und läßt die Bohnen weich dünsten.
Dann entfernt man das Pfefferkraut, verdickt
die Brühe mit einer Mehlschwitze, tut etwas
Pfeffer hinzu, und nachdem man abgekochte,
zerschnittene Kartoffeln untermischt hat,
kann man vor dem Anrichten nach Belieben
gehackte Petersilie hinzutun. Hierzu Rindfleisch und gepökeltes Schweinefleisch.

Wirsingkohl mit Kartoffeln.

◇

*Zutaten: Auf 100 l Gemüse 75 kg Kartoffeln,
40 kg Kohl, 1 kg Salz, 2 Muskatnüsse,
Pfeffer, 1 kg Schmalz*

Die Wirsingkohlköpfe werden je nach ihrer
Größe, nach Beseitigung der äußeren Blätter
in Hälften oder Viertel geschnitten, von den
gröbsten Strünken befreit, gewaschen und 10
Minuten in siedendem Salzwasser blanchiert,
in kaltem Wasser abgekühlt, das Wasser abgelassen und auf einem Sieb abgetropft. Dann
schichtet man sie im Kessel und übergießt
sie mit kräftiger, durch helle Mehlschwitze
seimig gewordener Fleischbrühe, fügt Rindernierentalg, Muskatnuß und Salz zu, läßt den
Kohl weich kochen und vermischt ihn mit abgekochten geschnittenen Kartoffeln. Dazu
Rind- und Pökelfleisch.

Weißkohl mit Kartoffeln, 1/3 Rind- und 2/3 Schweinefleisch

❖

Zutaten: Kohl zu 100 l Gemüse, 50 kg Kartoffeln, 50 kg Kohl und alle andern Zutaten wie bei Wirsingkohl, nur statt Muskatnuß nimmt man grob gestoßenen Kümmel als Würze

Zubereitung: Die Kohlköpfe, von den äußeren Strünken und stärksten Rippen befreit, werden in Hälften oder Viertel zerschnitten, fein gehobelt und mit kochendem Wasser gebrüht; nachdem der Kohl 10 Minuten in heißem Wasser gestanden, läßt man das letztere ab, gießt kräftige Fleischbrühe, durch Mehlschwitze seimig geworden, und ausgelassenes Rinderfett hinzu und mischt noch 250 g grob gestoßenen Kümmel bei. Zuletzt werden weiche, in Salzwasser gekochte, zerschnittenen Kartoffeln darunter gerührt.

Gedämpfter Rotkohl mit Kartoffeln.

◇

Quantum Kohl und Kartoffeln wie oben.
Zutaten: 1 ¼ kg Zucker, 1 kg Salz, 1 Teelöffel
Nelken, 2 l guten Essig, 1 kg Schmalz zu 100 l

Die Kohlköpfe werden von Strünken und star-
ken Rippen der Außenblätter befreit, dann
teilt man sie in Hälften, um sie auf der
Schneidemaschine oder mit dem Messer zu
hobeln; brüht den Kohl 10 Minuten lang mit
siedendem Wasser, läßt das letztere ablaufen,
vermischt siedendes Fett unter den Kohl, läßt
ihn unter Umrühren darin schmoren, gießt
kräftige Fleischbrühe zu, gibt Salz, Essig, Nelken und Zucker hinein, reibt 3 l rohe Kartoffeln darunter, die den Kohl glätten, und zer-
stampft die übrigen Kartoffeln zu Brei, die
man dazu gibt. Hierzu Klops oder Würstchen
oder mageren geräucherten Speck.

Dünne Erbsen mit Rindfleisch und Speck.

◇

Zutaten: Man nimmt zu 100 l 1 kg Rindernierentalg, 25 kg gelbe Erbsen, 1 kg Weizenmehl, 1 1/4 l Zwiebeln, 1 1/2 kg Salz, Pfeffer, 1 Eßlöffel voll gestoßenen Majoran

Am Abend vorher werden die Erbsen gesiebt, gewaschen, verlesen und in kaltem, weichem Wasser geweicht und 4 Stunden vor dem Gebrauch in demselben zugesetzt; bei gleichmäßigem, nicht zu starkem Feuer werden sie langsam weich und dick gekocht, wobei man die an der Oberfläche sich sammelnden Hülsen mit dem Schaumlöffel abnimmt. Die ganz zerkochten Erbsen verdünnt man unter fortwährendem Rühren mit der vom Rindfleisch gewonnenen Brühe, würzt sie mit Majoran, Pfeffer und Zwiebeln und bindet sie mit dem in siedendem Fett, klar zerkochten Mehl, welches mit kalter Speckbrühe glatt verrührt wird. – Zur Brühe kocht man das Rindfleisch extra und den Speck extra, Salz hinzufügend. Das Fleisch zur Brühe wird stets mit kaltem Wasser aufgesetzt und bei nicht zu starkem Feuer langsam gekocht. Sobald das Fleisch weich ist, wird es zum Erkalten herausgenommen und die ganze Brühe zum Kochen des Gemüses verwendet.

Linsen sauer und süß gekocht.

◇

Man gießt das Wasser, in welchem Linsen
halb weich gekocht sind, ab, fügt heiße
schwache Fleischbrühe und Salz zu, röstet
Mehl mit gehackten Zwiebeln in Fett, verkocht dies mit Fleischbrühe und 1 l gutem Essig mit Zucker, tut einige Nelken und Zimt
hinzu und läßt die Linsen in dieser Sauce völlig weich kochen. Beilage: Rindfleisch mit
Zwiebelsauce.

diese Gaststätten »nicht durch die verkauften
Speisen, sondern durch Verkauf alkoholartiger
Getränke erhalten.«

Die Vorzüge der Massenspeisung sind Vereinfa-
chung der Zubereitung, vorteilhafter Engros-Ein-
kauf, vereinfachter Verbrauch von Feuerung und
schmackhafte Zubereitung in einer der Gesundheit zuträglichen Mischung.

Viele zweifelten, daß Männer und Frauen auf
die Dauer bereit sein würden, täglich freiwillig
und ehrenamtlich die mit einer Volksküche ver-
bundenen Aufgaben zu übernehmen. Aber das
»Beispiel von vierunddreißig Jahren hat doch
genügend bewiesen, daß die werktätige Menschen-
liebe nicht so leicht erlahmt«.

FORTSETZUNG,
ABER OHNE DAMEN?

Im Oktober 1867 war in der Landsberger Straße 65 die mittlerweile vierte Volksküche eröffnet worden, in der täglich über tausend Portionen verzehrt wurden. Die Küchen hatten nicht nur die Selbsterhaltung erreicht, sondern bereits einen kleinen Überschuß erzielt.

»Diese Lebensfähigkeit der Volksküchen veranlaßte« drei Herren vom Vorstand »zur Ausarbeitung eines neuen Planes, nach welchem der Verein sich auflösen und in ein Aktienunternehmen umwandeln sollte, in welchem die freiwillige Mitwirkung der Damen ausgeschlossen sein sollte«. Eine Zumutung. Aber Lina Morgenstern wurde nicht sprachlos.

»Die Frauen, die Träger des ganzen Unternehmens, die mit bewundernswerter Zähigkeit und Ausdauer bisher ihre freiwilligen Pflichten ausgeübt hatten und die allein dazu beitrugen, daß in den Küchen keine Unterschleife von Seiten des Personals stattfinden konnten, die Frauen, durch deren tägliche Anwesenheit die Volksküchen allein ihren bedeutungsvollen, sittlichen, sozialwohltätigen Charakter angenommen, wollte man ausschließen, um das humane Werk in ein Aktienunternehmen umzuwandeln!« Man hört sie geradezu reden, die energische Lina.

Die drei Veränderer traten mit neuem Statutenentwurf in der Generalversammlung auf. Die anwesenden Damen waren erregt, wohl auch besorgt, »aber es traten für sie treue Kämpfer ein«, die vor allem die Volksküchen »als ein jeder Geldspekulation fernes Institut der Humanität zu erhalten suchten«.

Lina Morgenstern nennt die Namen der Männer, »denen in Wahrheit die Rettung der Volksküchen zu danken ist«: Es sind die uns bekannten Mitbegründer Rudolf Virchow, Max Ring und Carl Heinitz. Ferner Joseph Lehmann, Franz von Holtzendorff und andere, die in den neuen Vorstand gewählt wurden, darunter auch Ehemann Theodor, der die technische Leitung der Baulichkeiten übernahm. Lina behielt die Organisation und die Einrichtung der Küchen. Am 1. Dezember 1867 öffnete die 5. Küche.

Die drei abgewählten Herren errichteten eigene Küchen, die aber nur kurze Zeit bestanden. Das erhoffte Geschäft mit der Bedürftigkeit mißlang.

Um sich von diesem und jeglichen anderen Unternehmen zu unterschieden, nahm Morgensterns Verein den Namen »Berliner Volksküchen von 1866« an.

Brühlinsen mit Rindfleisch.

❖

*Von den Linsen wie von dem Fleisch wird das
gleiche Quantum wie bei den dicken Erbsen
genommen.*

Zubereitung: Die Linsen werden am Abend
vor dem Gebrauch gewässert, gut verlesen
und vor dem Kochen mehrmals gebrüht;
dann setzt man sie mit kaltem, weichem Wasser auf. Sobald sie halb weich gekocht sind,
läßt man das Wasser ab und gießt reine fette
Fleischbrühe darauf. Während sie mit derselben sieden, schwitzt man gehackte Zwiebeln
in Fett, röstet darin Mehl braun, verrührt dieses mit kalter Brühe und ein wenig Essig
glatt, fügt Pfeffer und Piment hinzu und bindet damit die Linsen, die unter fortwährendem Rühren noch ein wenig kochen können.
Die Brühe muß kräftig mit Petersilienwurzel
und Mohrrüben verkocht sein.

Brechbohnen.

◇

Zu 100 l 100 kg Bohnen, 75 kg Kartoffeln, 1 kg Salz, 1 kg Mehl, 1¹/₄ kg Fett usw.

Man zieht die jungen Bohnen ab, bricht sie in mehrere Stücke, wäscht sie und läßt sie in vollem siedenden Wasser ¹/₄ Stunde kochen. Dann schüttet man die Bohnen auf einen Durchschlag, und, wenn sie abgelaufen sind, kocht man sie mit gut ausgebratenem Rinder- oder Bratenfett und etwas Bouillon weich, macht sie mit in Butter oder Fett geschwitztem Mehl seimig und tut zuletzt einige Stengel Bohnen- oder Pfefferkraut oder gehackte Petersilie hinzu. Man gibt dazu Hering, Rind-, Hammel- oder Schweinefleisch, auch kann man statt des gekochten Fleisches Hammel- oder Schweinskotelettes als Beilage geben. In der Berliner Volksküche werden die Bohnen in reiner Fleischbrühe gekocht und mit Kartoffeln vermischt.

KÖNIGIN AUGUSTA KOSTET

Notstand in Ostpreußen und Städten wie Anklam führte zu Erkundigungen, wie man Volksküchen nach dem Berliner Vorbild errichten könnte. Organisationspläne wurden bereitwillig zur Verfügung gestellt. Davon erfuhr die preußische Königin Augusta.

Am 2. Februar 1868 wurde die 6. Volksküche in der Invalidenstraße 66 g eröffnet. Besonders feierlich, denn Königin Augusta von Preußen kam und kostete nach der Ansprache des Vorsitzenden »von den Speisen des Tages, die sie sehr wohlschmekkend fand«.

Man wird sich besondere Mühe gegeben haben. Doch wir wollen nicht spotten, wenn Lina Morgenstern es als Ehre betrachtete, die Königin in den Volksküchenräumen umherzuführen. Wie ist denn das heutzutage? Bloß der Wortlaut ist anders, zeitgemäß, aber der Inhalt? Originalton 1868: »Damals, wie so oft später, bezeigte die edle Fürstin eine warme, eingehende Teilnahme für alle Einrichtungen und ließ sich von der Aufgabe und Bedeutung der Volksküchen erzählen, über die sie sich in anerkennendster Weise aussprach.«

Die »das Unternehmen wohltuend fördernde Teilnahme« der Königin zeigte sich schon darin, daß sie über die Eröffnung jeder neuen Volksküche unterrichtet werden wollte. So kam sie schon am 16. Februar wieder, als die 7. Küche – Grüner

Weg 9/10 – ihre ersten Portionen ausgab. Diesmal hielt Prof. von Holtzendorff die Festrede und sprach über die soziale Bedeutung der Volksküchen. Die Königin übergab ein Geldgeschenk für die Speisung Notleidender und für die Mitarbeiterinnen, damals Dienstpersonal genannt.

Später mehr über die Königin, die auch am 8. April 1868 dabeisein wollte, als der Verein seine 8. Volksküche eröffnete. In der Friedrichstraße 9.

Anderntags wurde Lina Morgenstern »ins Palais gerufen«, Ecke Unter den Linden (heute Bebelplatz), und erfuhr, daß die Königin für langjährige Dienstzeit in den Volksküchen Prämien stiftete. »Für treue Dienste« gab es Broschen und dazu ein wohl eher benötigtes Geldgeschenk. Jedes Jahr machte Lina Morgenstern dazu Vorschläge.

Interessant zu erfahren, daß mit dem Tode Augustas diese Anerkennung und Ermunterung der in den Volksküchen Beschäftigten erlosch.

Am 18. Juni 1868 übergab der Verein in der Linienstraße 47 die 9. Volksküche. Am 8. Oktober des Jahres öffnete die 10. Anstalt, von vielen freiwilligen Vorstandshelfern begleitet. Vom ersten Tage an erhielt sich diese Volksküche mit täglich rund tausend Portionen selbst.

Schon im November des Vorjahres hatte der Vorstand beschlossen: »Kein Vorstandsmitglied oder Küchenvorstand hat mit Geldeinnahme oder -ausgabe zu tun.« Als die Generalversammlung im November 1868 eine von Lina Morgenstern verfaßte Broschüre über die Volksküchen, ihre Organisation, Verwaltung und Statistik bestätigte, erhielt die Königin ein Exemplar und bestellte

Königinnensuppe (à la Reine).

◇

Man kocht eine Kraftbrühe von 1 alten Huhn,
sobald es gar ist, nimmt man es heraus und
schneidet das weiße Brustfleisch in 2 cm
lange Streifen. Das übrige Fleisch stößt man
in einem Mörser recht fein und streicht es
durch ein Sieb. Die Bouillon, von der man das
Fett rein abgenommen hat, verkocht man mit
etwas Weißmehl, rührt sie mit dem Hühner-
Püree kurz vor dem Anrichten recht glatt zusammen und tut das geschnittene Hühnerfleisch hinein. Man bindet mit 2 Eigelben, die
man mit etwas Milch abquirlt.

Königinsauce (Sauce á la Reine).

◇

Zu gedämpftem und gebratenem Geflügel.
Man löst das Fleisch eines gekochten Huhns
aus, mahlt dasselbe in einer Fleischmühle
mit 15 süßen und 5 bitteren gestoßenen Mandeln zum Mus, oder stößt es in einem Stein-
mörser, verrührt den Mus mit 2 Eidottern,
einer Mehlschwitze und $^1/_4$ Liter guter Bouillon zur Sauce glatt, würzt sie mit etwas weißem Pfeffer, schmeckt sie mit Salz ab und
streicht sie durch ein feines Sieb.

Königssauce (Sauce royale).

◇

Kann man ebenso wie die vorige bereiten, nur läßt man zu dieser 1 Glas Weißwein mit verkochen und gibt einige Löffel geschnittene, in Butter und Wein weichgedünstete Trüffeln oder 5 g Trüffelextrakt hinein.

Prinzensauce.

◇

1 gutes Stück Butter läßt man in einer Kasserolle braun werden, tut ganze Petersilienblätter und etwas gehackten Schnittlauch hinein, läßt dies einen Augenblick dünsten, fügt Jus oder Fleischextrakt, braune Sauce und etwas Estragonessig dazu, läßt die Sauce seimig kochen und schmeckt sie mit Salz, ein wenig gestoßenem Pfeffer und einem Eßlöffel japanischen Soya ab. Am besten paßt sie zu gebackenen Fischen oder Koteletts.

Königintorte.

—— ◇ ——

In 500 g zu Schaum gerührter Butter rührt
man nach und nach 10 Eier, 4 Dotter, 375 g
Zucker, die abgeriebene Schale einer Zitrone,
250 g Korinthen und 500 g feines Mehl, bäckt
die Masse 1 Stunde in einer mit Butter ausge-
strichenen Randform von etwa 8 cm Höhe in
sehr mäßiger Ofenhitze und spritzt oder glasiert die Torte mit weißer Königsglasur oder
läßt sie mit Zucker bestreut. Zuletzt noch $^1/_2$
Glas Rum, 1 Eßlöffel voll fein gehackte abge-
zogene Mandeln, nebst 100 g rein gelesenen,
sauber gewaschenen, großen und ebensoviel
kleinen Rosinen darunter; er wird sodann in
eine mit Butter ausgestrichene Form etwas
über halbvoll eingefüllt, nochmals an einem
lauwarmen Ort zum Aufgehen gestellt, bis er
dem Rande der Form gleich ist. Hierauf
bringe man ihn in einen mittelheißen Back-
ofen und backe ihn längstens binnen 1 $^1/_2$
Stunden bis zu schön rotbrauner Farbe.

weitere 25, um sie an Behörden deutscher Städte verschicken zu lassen; als Anregung, solche Volksküchen einzurichten. Zugleich erhielt die Verfasserin von der Königin 300 Mark, die übergab Lina Morgenstern dem Vorstand als Beitrag zur Gründung einer Krankenkasse für die in den Volksküchen Tätigen. »Die Erkrankten erhielten vier Wochen volles Gehalt« – das muß man heute, 1997, zweimal lesen, »ärztliche Pflege oder das Krankenhaus (bezahlt), und im Fall sie zu Hause blieben, Medizin und Erfrischungen.«

DAS MILITÄR INTERESSIERT SICH

Zum Sommer 1869 war der Verein eingeladen worden, sich an einer internationalen Ausstellung in Amsterdam zu beteiligen. Fotografien einer Volksküche, ihres Speisesaals und andere Flachware, wie die Museumsleute sagen, brachten eine Silbermedaille und ein Diplom.

Aus Burg bei Magdeburg kam eine Einladung »der dortigen Arbeiterbevölkerung«, in einem Vortrag die Bedeutung der Volksküchen zu erläutern. Lina Morgenstern kam, sprach und konnte sich freuen: Ein Verein wurde gegründet, an dem jeder Arbeiter sich mit zehn Pfennig beteiligen konnte. Eine Volksküche wurde eröffnet.

Hamburger Damen hatten sich in Berlin informiert. Ihr Komitee eröffnete drei Volksküchen, von denen eine jahrzehntelang bestand.

Im Dezember 1868 hielt Lina Morgenstern in ihrer Heimatstadt Breslau einen Vortrag, der erhebliche Geldspenden und die Gründung eines Vereins und später zweier Volksküchen ergab. Länger als diese hielt sich die 3. Volksküche, die nach jüdischen Vorschriften, also koscher kochte.

Längst wundert, warum von solcher Küche in Berlin noch nicht die Rede war. Die Königin Augusta besuchte am 7. April 1870 die 9. Volksküche in der Linienstraße 47 und ging überraschend ohne Voranmeldung in die von Mitgliedern der jüdischen Gemeinde eingerichtete Volksküche. Deren »freundliche Räume« betrat die Königin gerade zur Essenszeit.

Lina Morgenstern betont, daß diese Küche »nicht von unserem Verein, doch nach denselben Grundsätzen« von einem Komitee jüdischer Damen und Herren eingerichtet worden war. Täglich kamen etwa 300 bis 400 Personen, »unter denen immer $2/5$ Christen waren«.

Da ist Distanz zu spüren, wenn Lina Morgenstern die »nach den alten Ritual-Gesetzen noch streng lebenden, notleidenden Juden« erwähnt, die nicht mehr wie früher überall einen Freitisch bei ihren Glaubensgenossen annehmen können, denn die leben zunehmend freisinniger. Wie in der Neuen Synagoge in der Oranienburger Straße zu bemerken, die 1866 eingeweiht wurde. Mit Orgelklang und Predigt in deutscher Sprache.

Die Bürger deutscher Städte interessierten sich zunehmend für die Volksküchen. Doch kein Wunder war das »ganz besondere Interesse der Militärbehörden«. Damit war zu rechnen. »Bataillonschefs und Commandeure der verschiedenen Regimenter verlangten von mir briefliche Auskunft, sowie die Broschüre und führten unsere Kochrezepte und Berechnungen in den Kasernen ein.« Ob sich dadurch die Verpflegung der in Uniform notleidenden Bevölkerung besserte, ist nicht überliefert. Doch wir wollen mit unserer Kenntnis, was 1870 bevorsteht, die Vorausschau der Militärbehörden nicht schmälern.

Es ist an der Zeit, nach Lina Morgensterns Herkunft und Kindheit zu fragen.

JUNG GEWOHNT...

Lina wird am 25. November 1830 in Breslau geboren als Tochter des jüdischen Kaufmanns und Möbelfabrikanten Albert Bauer und seiner Frau Fanny, geborene Adler, die aus Krakau stammt. Lina hat drei Schwestern und zwei Brüder und wächst in einem wohlhabenden Elternhaus auf, das außer guter Erziehung früh die Begegnung mit Künstlern und Gelehrten bietet.

Dazu Kenntnisse in der Hauswirtschaft, dafür sorgt die Mutter. Als Selbstverständlichkeit lebt die Familie nach den Gesetzen der vom jüdischen Glauben bestimmten Nächstenliebe und Wohltätigkeit. So beeinflußt wachsen die Kinder auf.

Die Schwester Cäcilie heiratet nach Wien, wo sie sich für Blinde engagiert und später an der Gründung der Wiener Volksküchen teilhat. Die jüngere Schwester Jenny wird später in Breslau Vorsitzende des Kindergarten-Vereins, den sie mitbegründet hat.

Lina, von Abraham Geiger (1810–1874) und Moritz Abraham Levy (1817–1872) zum nichtorthodoxen, sondern Reformen zugewandten Judentum erzogen, wächst als ein junges Mädchen heran, das ein Gespür bekommt für die sozialen Veränderungen in seiner Umgebung.

Das Revolutionsjahr 1848 macht sie nicht zur Kämpferin, sondern sie möchte ringsum bemerkte Armut lindern. An ihrem 18. Geburtstag spricht Lina zu den an der Abendtafel versammelten Gästen: »Ihr könntet mir heut keine größere Freude bereiten, als wenn ihr euch mit mir vereinigt –«. Lina Morgenstern gründet an ihrem 18. Geburtstag einen Verein. Den »Pfennigverein zur Unterstützung armer Schulkinder«.

Sie erlebt sie auf dem Schulweg, die »notleidenden Schulkinder, denen es an warmer Kleidung und an Mitteln fehlt, sich Schulbücher zu kaufen«. Manche verwahrlosen, weil sie nicht die Schule besuchen, »sondern bettelnd auf den Straßen umherirren, weil ihnen meist das schützende Elternhaus fehlt«.

Lina Bauer

Mythologie

der

Griechen und Römer.

Zur

belehrenden Unterhaltung

für

Töchter aus den gebildeten Ständen.

Von

Ch. W. Findeklee.

Züllichau,

Verlag der Darnmann'schen Buchhandlung.

1828.

Joh. Fried. Korn, des älteren

Buchhandlung

Breslau. Ring No 24.

Aus dem Familienarchiv mit dem Namenszug »Lina Bauer«

Täglich müßte ein Pfennig geopfert werden. Spendenquittungen brauchte man noch nicht. Man gab. Lina wurde Vorsitzende des Vereins, der dann auch ohne sie über achtzig Jahre bestand.

Was die Einnahmen des Vereins betraf: Es wurde Schuhwerk gekauft, Wäsche und anderes, man verteilte Bücher und Schreibzeug; prüfte aber genau, damit die wirklich bedürftigen Kinder unterstützt würden: »Ohne Unterschied des Glaubensbekenntnisses«, wie im Originaltext gesperrt zu lesen. Das bedeutet, in den ersten Jahren wurden gleichermaßen evangelische wie katholische Schulen und die jüdische Industrieschule unterstützt.

Hier liegen Lina Morgensterns Wurzeln als »große Menschenfreundin«, wie es in ihrer Grabinschrift heißt. Sie kümmerte sich nicht um den Glauben, sondern um das, was ein Mensch braucht, wenn es ihm schlecht geht. Aus wer weiß was für Gründen.

STUFEN DER WOHLTÄTIGKEIT

Es gibt davon acht. Die unterste, in der Reihenfolge nach oben die achte, betreten wir am häufigsten. Wir müssen geben. Helf er sich. Wir tun es ungern, notgedrungen und unfreundlich. Im Vorübergehen. Es hat etwas Peinliches. Wir laufen im U-Bahn-Tunnel. Geigt aber der Musikant gerade »Geschichten aus dem Wiener Wald«, die wir hören mögen, werfen wir ihm eine Münze in den Kasten. Spielt er etwas anderes, eilen wir weiter. Ohne Seitenblick. Bei anderer Gelegenheit kommen wir, wohl oder übel, nicht um eine Gabe herum. Wie zum Beispiel, wenn eine 18jährige Lina oder ein 70jähriger alle Gäste um eine Spende bittet. Wir hätten auch mit Blumen gratuliert. Auf dieser untersten Stufe der Wohltätigkeit stehen wir meistens. Und reden darüber nicht.

Laut Maimonides, von dem die meisten von uns kaum gehört haben, bedeutet die siebente Stufe, wir haben zwar weniger gegeben, als angemessen wäre, jedoch mit freundlichem Gesicht. Was der Musikant kaum wahrnehmen konnte, weil er auf seine Töne achten muß. Aber wir bekamen nicht sein, sondern unser freundliches Gesicht. Und freuten uns über uns als edle Spender. Wir taten etwas Gutes für den Nebenmenschen.

Diese so abgestuften Regeln sind sehr alt. Moses Maimonides hat sie formuliert. Er lebte vor rund achthundert Jahren. Ein jüdischer Arzt in Spanien, der als Scheinchrist (Marrane) sein Leben rettete, wie so viele seinesgleichen, indem er sich taufen ließ. So war das unter der neuen christlichen Regierung.

Später wurde er in Kairo Leibarzt des Kalifen, behandelte aber auch nebenbei arme Kranke, die ihm nichts zahlen konnten. (Haben wir in Berlin oder in Deutschland gar ein Maimonides-Hospital?) Moses Maimonides verfaßte zehn medizinische Werke in arabischer Sprache. Darin sind zu entdecken Ratschläge für zwei Möglichkeiten: Entweder ärgert man sich über Vergangenes, über einen Verlust oder eine Dummheit. Dieser Ärger ist völlig nutzlos. Er bringt Verlorenes nicht zurück. Oder man sorgt sich über etwas, das erst geschehen könnte. Es kann eintreffen. Es kann aber auch nicht eintreffen. Warum soll man sich vorher aufregen? Gut gesagt, lieber Maimonides, doch schwer zu befolgen.

Nun betreten wir, geleitet vom Weisen Maimonides, die sechste Stufe der Wohltätigkeit. Man warte, bis man zum Geben aufgefordert wird. Also direkt am Straßenrand. Oder in der Untergrundbahn, wenn Wortgewandte durch den Wagen schreiten. Darüber läßt sich im Stillen nachdenken. Spenden, so sie nur ordentlich als solche ausgewiesen sind, anerkennt das Finanzamt. Würde man mehr spenden, weniger oder gar nichts, wenn das nicht so wäre?

Also lautet die fünfte Stufe, man gebe, ohne erst gefragt werden zu müssen.

Weiter zur Stufe vier. Da kennt der Gebende nicht den Bedürftigen. Doch der Empfänger weiß, wer ihm gab.

Umgekehrt die Stufe drei: da weiß einer, wem er gibt. Doch der Empfänger weiß nicht, von wem er bekommt. Das könnte beinahe zutreffen für die Musikanten in der Untergrundbahn. Man kennt sie nicht, aber man sieht sich im Vorbeigehen.

Zwischenstufe: Ich gebe ihm oder ihr, wenn sie Mozart spielen. Doch jenen Gitarrenzupfern, die den Ohren wehtun – müßten sie nicht die Spende für ihre musikalische Ausbildung verwenden? Doch über die Verwendung von Spenden hat Maimonides nichts gesagt, wohlweislich.

Stufe zwei: Der Spender weiß nicht, wem er gibt. Der Empfänger weiß nicht, von wem er bekommt. Der Idealfall. Zu Zeiten von Moses Mendelssohn gab es in der Berliner Jüdischen Gemeinde zwei verschlossene Sammelbüchsen. Sie wurden bei einem Todesfall oder einer Geburt vom Gemeindediener den Angehörigen überbracht. Die eine leer, die andere gefüllt. Aus ihr konnte der Arme nehmen, was er brauchte; der Reiche aber, kam sie zu ihm, mußte sie ebenfalls leeren und das, was er nicht benötigte, in die andere Büchse tun. Dann holte der Gemeindediener beide Büchsen ab. Der Arme brauchte sich nicht wegen der erwiesenen Wohltat zu schämen; der Reiche konnte sich nicht mit seiner Gabe brüsten.

Stufe eins ist die höchste. Was könnte das sein? Maimonides sagt es glasklar: Das ist eine Gabe, die unseren Nebenmenschen in die Lage versetzt, die Hilfe anderer entbehren zu können.

Aber ist das nicht eine Aufgabe für den sozialen Staat, von dem immer so viel die Rede ist, vor allem vor Wahlen?

DAS ERSTE KOCHBUCH

Lina Morgenstern nutzt ihre Erfahrungen aus der Praxis und verfaßt ein Kochbuch für Volksküchen, das 1868 erscheint. Es enthält 37 Rezepte, die nach den gültigen Maßen wie Quart, Sgr. (= Silbergroschen) berechnet sind.

Als im Deutschen Kaiserreich 1875 die Berechnung nach Liter, Mark und Pfennig maßgeblich wird, ändert der Volksküchenverein die Portionspreise, z. B. 1 Liter Gemüse mit 135 Gramm Fleisch kostet 25 Pfennig, $^4/_5$ Liter Gemüse mit 45 Gramm Fleisch gibt es für 15 Pfennig.

Damit mehr Abwechslung entsteht, eine Voraussetzung jeglicher Beköstigung, werden 52 verschiedene Gerichte eingeführt, deren Rezepte die Verfasserin in der 2. (1880) und der 3. Auflage (1883) ihres Kochbuchs veröffentlicht.

Beispiele, die aus dem erwähnten Universal-Kochbuch stammen. Für den Haushalt und mit der Variante für Volksküchen:

Saure graue Erbfen.

◆

Nachdem die Erbsen völlig weich gekocht sind, vermischt man sie folgendermaßen: 125 g Speck schneidet man würflig, bratet ihn aus, entfernt die Grieven, röstet darin eine gehackte Zwiebel nebst einem Eßlöffel Mehl, gießt dazu $^1/_4$ l kochendes Wasser, 4 Eßlöffel guten Essig, 1 Teelöffel Zucker, einige Gewürznelken, 1 Teelöffel Salz und 1 Teelöffel Fleischextrakt.

Graue Erbsen.

◇

Zubereitung wie bei saure graue Erbsen.
*Quantum für 100 l: 35 kg Erbsen, 1¹/₄ kg Fett,
1¹/₄ kg Mehl, 2 l Zwiebel, 125 g Fleischextrakt
oder Speckbrühe, 1 kg Salz, Gewürz nach
Belieben*

Grüne, getrocknete Erbsen.

◇

Dieselben werden wie die gelben vorbereitet
und gekocht, aber statt der Speckbrühe
nimmt man gute, mit Wurzelwerk reichlich
versehene Rindsbrühe. Man gibt sie als
Püree. Beilage: Kalbsleber oder geräucherten
mageren Speck.

Grüne Erbsen.

◇

Zubereitung wie bei grünen, getrockneten
Erbsen, Quantum wie bei grauen Erbsen.

Dicke Erbsen mit Sauerkohl und Speck.

◇

Stoffe und Zubereitung wie oben, dazu
in Schweineschmalz gedämpfter Sauerkohl,
welcher durch Hinzufügung roher Kartoffeln
geglättet wird.

Dicke Erbsen mit Speck= und Kümmelsauce.

◇

*Zu 100 l 35 kg Erbsen (4 kg Speck, 5 kg
Rindfleisch), 1 kg Mehl, 1 kg Fett, 1 kg Salz,
1 1/2 l Zwiebeln, Lorbeerblatt und Pfeffer*

Vorbereitung der Erbsen wie vorhergehend.
Wenn die Hülsen beim Kochen abgenommen
und die Erbsen zu einem dicken Brei gekocht
sind, läßt man Zwiebeln klein gehackt in Fett
schmelzen, verkocht dies mit dem Mehl, verrührt dies mit Speck- und Rindsbrühe glatt
und vermischt dies mit den Erbsen, um sie zu
einem geschmeidigen Püree zu machen.
Dazu gibt man Kümmelsauce.

DER WUNSCH,
SICH AUSZURUHEN

Den Großen Ferien im Sommer 1870 sieht Lina Morgenstern »mit unbeschreiblicher Sehnsucht« entgegen. Sie hat dem Kapitel ihrer Erinnerungen, das sie so stoßseufzend beginnt, eine Fußnote beigefügt, in der sie sich für »die subjektive Darstellung« entschuldigt. Sie will »ein treues Zeitgemälde geben«. Dafür sind wir ihr dankbar.

Sie ist jetzt im vierzigsten Lebensjahr. Hat »mannigfachste Berufsbeschäftigungen, häusliche Pflichten, sorgendes Walten für fünf heranwachsende Kinder, Vereinstätigkeit im Volksküchenverein« bewältigt; auch im von ihr im Vorjahr gegründeten »Kinderschutzverein«, ferner in der »Fortbildungsschule für junge Damen« unterrichtet, die ihr Dasein seit 1868 gleichfalls Frau Morgenstern verdankt. All das hatte »meine Kräfte brachgelegt, so daß sie einer Erfrischung bedurften«.

Sie konnte am Waldrand von Bornim, nahe bei Potsdam, ein »stilles Häuschen« mieten und wollte sich dort am 15. Juli mit den Kindern einrichten. Sah sich aber veranlaßt, sofort nach Berlin zurückzukehren.

Es lag Krieg in der Luft.

Es ging um die Thronfolge in Spanien, um territoriale Ansprüche und dergleichen, was den kleinen Mann und seine Familie im Grunde nicht interessiert. Bismarck hatte mit dem von ihm nicht gefälschten, aber durch Kürzungen verschärften und seither in den Geschichtsbüchern »Emser Depesche« genannten Telegramm den deutsch-französischen Krieg zwar nicht verursacht, jedoch ausgelöst, indem er den Text an alle deutschen Gesandtschaften und an die Presse gab. Nun stand die französische Regierung vor einer schweren diplomatischen Niederlage. Oder sie mußte den Krieg erklären, was sie am 19. Juli 1870 tat.

Lina Morgenstern hört die Menge mit »endlosen Hochrufen« und »Auf nach Frankreich«. (In Paris ruft es: »Auf nach Berlin«.) Wer achtet auf Nein-Sager?

»Im Geiste sah ich einen der großartigsten« (das meint sie nicht im heutigen Sinne), »blutigsten Kriege voraus, wenn französische und deutsche Nationalität in Haß und Zorn aufeinanderplatzen würden.«

Erinnerungen an 1866 kommen ... Welche Aufgabe hatten die Frauen? »Leiden des Krieges zu mildern, Strapazen zu erleichtern, Gemüter zu ermutigen, zu begeistern und Wunden zu heilen.« Von vornherein hatte sie ihre Aufmerksamkeit unmittelbar »auf das durch den Krieg ins Elend gestürzte Volk, auf die darbenden Arbeiter und den in Armut sinkenden Mittelstand gerichtet«. Solche Formulierungen liest niemand in den von Patriotismus gefüllten Zeitungen.

Mit Verpflegung beistehen, mit den Erfahrungen der Volksküchen – Lina Morgenstern bietet das dem Kriegsministerium an. Und fährt anderntags wieder nach Bornim. Ins Paradies. Die Kinder freuen sich.

Ein Brief verlangt: Rückkehr nach Berlin. Sie soll zum Proviantamt kommen, wo man ihr anbietet, »die Speisung durchziehender Truppen auf den hiesigen Bahnhöfen zu übernehmen«. Theodor Morgenstern meinte auch, das sei ein patriotisches Unternehmen für den Volksküchenverein.

Aber wie und wo? Die Morgensterns sollen sich auf den Bahnhöfen erkundigen, höchste Zeit. Die ersten Truppen werden schon anderntags erwartet.

Im strömenden Regen fährt das Ehepaar zu den kleinen Bahnhöfen in der Nähe des heutigen Hauptbahnhofs und läuft vergebens von einem Beamten zum andern, »jedoch nirgends wußte man von den der Militärbehörde zu übergebenden Räumen. Ohne jeden Erfolg fuhren wir auf's Proviantamt zurück, wo man uns achselzuckend den Bescheid gab: ›Der Krieg hat uns überrascht, wenden Sie sich an die Intendantur.‹« Als sie dort ankommen, ist das Amt geschlossen.

Anderntags erschien ein Intendanturbeamter: Heute abend kommen auf dem Ostbahnhof 250 Mann, auf dem Niederschlesisch-Märkischen Bahnhof 1000 Mann an. Und müssen verpflegt werden.

Theodor Morgenstern fuhr eilends zu den Bahnhöfen, um Kesselküchen einzurichten. Lina hatte eine Sitzung ihres Kinderschutzvereins zu leiten und setzte durch, daß Säuglinge der einberufenen Soldaten unterstützt würden. Kaum war die Sitzung beendet, da erschien Theodor Morgenstern mit der Hiobsbotschaft, es sei unmöglich, Arbeiter zum Aufbau der Kochherde zu bekommen. Wegen der Einberufungen. Kupferne Kessel müßten erst auf Bestellung angefertigt werden.

Hatte nicht der Eisenbahnkönig Strousberg im vergangenen Winter Gratisspeisungen für Arme veranstaltet? Die transportablen eisernen Kochherde müßten noch vorhanden sein. Es gelang, gegen eine Kaution von dreitausend Mark, die eisernen Kochherde mit Kesseln von Strousberg zu übernehmen.

Detailliert beschreibt die unermüdliche Suppenlina, wie sie bald im Volksmund heißt, den Kriegsalltag in Berlin.

Der Vorstand des Volksküchenvereins tritt zusammen und beschließt, die Verpflegung der durchziehenden Truppen zu übernehmen.

Theodor kümmert sich um das erste Soldatenessen, das in der 7. Volksküche am Grünen Weg – heute Singerstraße – zubereitet und zum Bahnhof transportiert wird. Lina fährt nach Bornim, um die Kinder auf eine längere Trennung vorzubereiten. »Was ernster Wille vermag, erkannte ich an jenem Abend. Unter den mannigfachen Anstrengungen und Erregungen dieses ereignisreichen Tages schien mein Körper zusammenzubrechen.«

Die älteste, damals 15jährige Tochter Clara versprach, gemeinsam mit dem Hausmädchen für die jüngeren Geschwister zu sorgen.

Anderntags erleben sie ausmarschierende Soldaten, Jubel und Weinen. Aus den ersehnten Sommerfreuden in der Natur, inmitten der Kinder, wird eine »geräuschvolle, schwer verantwortliche Tätigkeit«. Aber der Gedanke, »für viel Tausende mütterlich sorgen zu können«, ist stärker als jedes andere Gefühl.

»Wie sehr verändert fand ich Berlin in der einen Nacht!«

»AN UNSERE LESER!«

Noch im Frühjahr veröffentlichte die menschenfreundliche, um allgemeine Bildung bemühte Leipziger »Gartenlaube« einen längeren Artikel von Max Ring; der jüdische Arzt und Schriftsteller hatte 1866 die Gründung der Volksküchen befürwortet. Sein gut illustrierter Beitrag »Was aus jeder Kaserne werden sollte!« stellte fest: Preußen hatte seine Macht hauptsächlich auf »seine Bürokratie und sein Militär« gestützt. Nun war ein neues Element erschienen. Die Industrie. »Ihr vor allem verdankt Berlin den großartigen Aufschwung und seine überraschende Entwicklung zur Weltstadt.«

Dann – und liest es sich nicht 1997 wie für 2000 versprochen?: »Ganze Straßen und Stadtteile sind neu erstanden, und eine Reihe von Passagen, Prachtbauten und ähnlichen zweckmäßigen und gemeinnützigen Anlagen sind in Angriff genommen oder stehen in naher Aussicht.«

Max Ring nennt als eines der hervorragendsten Unternehmen das Industriegebäude von Hermann

Geber in der Kommandantenstraße. Er hatte die ehemalige Kaserne des Kaiser-Franz-Regiments gekauft, renoviert, Läden eingerichtet, Werkstätten, Ateliers und einen großen Basar. Der würde heute Geber-Center heißen. Sommergärten sind vorgesehen, eine Bierhalle, eine neuanzulegende Straße. Was aus jeder Kaserne werden sollte ... Die befinden sich zwar heute nicht mehr im Stadtinnern, soweit der Bürger das zu überschauen vermag, jedoch sind Vorschläge zu ihrer Abschaffung willkommen und vergeblich.

Kaum bricht der Krieg aus, ein wenig plötzlich und etwas unerwartet, hat auch die »Gartenlaube« ihre Probleme mit der Aktualität. Während die Tagesblätter das Neuste mitteilen, hinkt eine Wochenzeitung bei ihrem Vorlauf unweigerlich hinterher. Außerdem ist Patriotismus gefragt. Schnell wird in der Nummer 31 am Ende der letzten Seite mitgeteilt: »An unsere Leser!«

Wir gönnen uns den Wortlaut. Und bitten, auf die Adjektive zu achten:

»Angesichts des frevelhaften Übermuts, mit welchem in diesem Augenblicke Frankreich, aus keinem andern Anlaß als erbärmlicher Ruhmeseitelkeit, die furchtbarste Kriegesbrandfackel in den Friedenssegen unseres Vaterlandes schleudert, angesichts dieser bubenhaften Verhöhnung unserer nationalen Würde und Freiheit, muß die gesammte deutsche Presse geharnischter als je sich als die Großmacht bewähren, welche den Geist des Volkes in den Kampf führt.« Dann wird der Geist von 1813 bemüht, der muß die Nation erheben, denn dieser Kampf, »welchen die zwei

Riesen der Wehrkraft Europas beginnen, kann nur mit der politischen Vernichtung des Einen enden«. Heißt das, der Ausgang sei ungewiß? Aber die Preußen und ihre Verbündeten sind stärker. »Wir geben uns mit allen unsern deutschen Lesern der zuversichtlichen Hoffnung hin, recht bald von den Siegen unserer tapferen Armeen berichten zu können.«

Es sind nicht nur Schriftsteller, sondern auch Maler und Zeichner unterwegs zur Berichterstattung.

Kein Wort, ob die Versorgung mit Lebensmitteln klappt.

Und denkt jemand daran, daß in Kürze Züge mit Verwundeten eintreffen können?

ALLES IN BEWEGUNG

Rina Morgenstern, nach Berlin zurückgekehrt, holt sich beim vaterländischen Frauenverein, der ebenso wie der Central-Verein für die Pflege verwundeter Krieger erste Vorbereitungen getroffen hat, ein paar Rote-Kreuz-Fahnen. Anschließend fährt sie zum Niederschlesisch-Märkischen Bahnhof. Der liegt, wie erwähnt, auf dem Gelände des heutigen Hauptbahnhofs.

Nahebei ein Güterschuppen, der bereits in eine »große, luftige Speisehalle für zweitausend Mann«

verwandelt worden war. Unglaublich, wie es in dieser kurzen Zeit Theodor Morgenstern mit vier Vorsteherinnen aus Volksküchen gelungen war, warme Speisen und Getränke an die angemeldeten und prompt eingetroffenen Truppen zu verteilen. Unsereiner fragt sich in aller Unbedarftheit, warum der Staat sich nicht um die Verpflegung der Männer kümmert, die für ihn ihr Leben riskieren sollen. Wo sind die Feldküchen, auch Gulaschkanone genannt?

Wir verdanken Lina Morgenstern die genaue Beschreibung der Anlage: Ein Güterschuppen mit dünnen Holzwänden, luftig gebautem Dach, Schiebetoren. Im Innern »lange Reihen feststehender Bänke zu je fünfzig Mann«, selbstverständlich ein abgegrenzter Raum für Offiziere; ja, sogar ein Bufett, an dem ein Händler Bier verkaufte. Er wurde verscheucht, als Geschenke eintrafen: Bier und andere Getränke konnten fortan unentgeltlich verteilt werden.

Da der Schuppen nicht für diesen Zweck errichtet worden war, ist manches mühsam. Der umständliche Weg zu den vier Küchen im Keller, wo Tag und Nacht Gaslicht brennen muß; daher schlechte Luft und Hitze im Sommermonat für die dort Arbeitenden. Im Flur riesige Bottiche, um das Gemüse zu waschen, dann die Gefäße, in denen das fertige Essen in die Speisehalle hinaufgefahren wurde. Doch »nie versiegende Vorräte von Speck, Fleisch« und Lebensmitteln.

Der zweite, zugewiesene Güterspeicher lag am Rande der Straße. Um ihn vom ersten aus zu erreichen, »wählten wir meist den Weg über die Schienenstränge«, wohl nicht ganz ungefährlich, doch mehr als zwanzigmal am Tage notwendig.

»In den ersten vierzehn Tagen war an keine Nachtruhe zu denken.« Von früh zwei Uhr bis Mitternacht trafen Militärzüge mit je fünfhundert bis tausend Mann ein, Stunde um Stunde. Wie können die Portionen berechnet, die Vorräte herbeigeschafft werden? Mehr als eine halbe Stunde vom Volksküchenbüro entfernt. Eine Droschke »war in jenen Tagen« selten zu haben, »Pferdebahnen gab es noch nicht«. Man brauchte bezahlte Hilfskräfte »für die kaum zu bewältigende Arbeit, die schwierige Art der Verpflegung, oft ohne jegliche Unterbrechung achtundvierzig Stunden hintereinander«. Wieder ein öffentlicher Aufruf.

Hilfsbereite Damen und Herren meldeten sich. »Den ganzen Tag und die ganze Nacht dampften unsere Kessel, beständig wurden Erbsen, Linsen, Bohnen und Reis in Bouillon gekocht, Kaffee bereitgehalten, Speck, Rindfleisch und Wurst geschnitten und zwei Brotmaschinen in Bewegung gesetzt.« Das Proviantamt zahlt zwar für die Portionen, doch Lina läßt für jeden Soldaten eine Zigarre, ein Stück Brot, ein Glas Bier oder ein »Gläschen Branntwein« hinzufügen.

Wieder ein Aufruf, damit solche Erfrischungen verabreicht werden können. Als erster schickt der Bankier Alexander von Mendelssohn, ein Enkel des Menschenfreundes Moses, 300 Mark. »Viele, viele unserer Mitbürger und Mitbürgerinnen« folgten. Lina Morgenstern kennt noch nicht die Sprachverhunzung »MitbürgerInnen«, formuliert aber zukunftweisend, wie uns scheint. Für sie muß die Gleichberechtigung nicht erst erfunden werden.

Ohne Spenden der Vereine war die Betreuung der Soldaten nicht zu bewältigen. Außer den gemeldeten Transporten lagerten in den umliegenden Straßen einige tausend Soldaten, die weder Quartier noch Verpflegung bekamen, weil sie zum Weitertransport bestimmt waren. Dazu aber fehlten Wagen. Linas Leute verabreichten gratis Speisen und Getränke, Wie gut, daß gerade die Vereine Beobachter schickten, darunter Friedrich Kochhann, nach dem seit 1902 im Bezirk Friedrichshain eine Straße heißt.

Schon als 25jähriger Bäckermeister hatte er sich als Vorsteher der Armenkommission bewährt. Jetzt war er Stadtverordnetenvorsteher und sah, was los war. Sofort kamen zweitausend Taler vom Hilfsverein. Für die wurden »Bier, Brot und Zigarren« – Linas Reihenfolge – gekauft. Der vaterländische Frauenverein schickte Fußlappen, in denen sich militärischem Schuhzeug ausgesetzte Füße unvorstellbar wohlfühlen können, ferner Verbandstaschen, Früchte, Fruchtsäfte und Wein.

Lina Morgenstern war zufrieden: »Kein durchziehender Soldat durfte unerquickt von uns gehen, mit vollen Händen konnten wir nach allen Seiten hin geben.« Die Soldaten dankten frohgemut, schrieen »Hurrah« bei der Einfahrt, riefen freudig »Hoch«, wenn sie abfuhren. Ahnungslos. Was wußten sie, so angefeuert, vom Krieg, der sie erwartete?

Lina Morgenstern, während sie diesen Zügen ohne Tränen nachwinkte, spürte etwas in ihrem

Gewissen. »Wehmütig« sah sie mit ihren Helferinnen »den jungen, kräftigen Gestalten nach, die leichten Herzens in den Krieg zogen«. Und da sie aus der Erinnerung beschreibt, heißt es: »von denen, ach, so viele nun in fremder Erde ruhen!«

AUFREGUNG UND HOHER BESUCH

Zwei Wochen lang, »Tag um Tag und Nacht um Nacht« dauerte in Berlin der Durchzug der Truppen gen Westen. War in einem Güterspeicher die Speisung beendet, »so mußten wir über die Eisenbahnstränge zu dem andern hinübergehen, um dort eine zweite zu beaufsichtigen«.

Die für den kurzen Aufenthalt eingetroffenen Soldaten wollten ihren Angehörigen Nachrichten zukommen lassen. Aber wie? Für Briefe war die Zeit meist zu kurz, doch es gab die vom Generalpostdirektor Stephan erfundene Korrespondenzkarte, von der er 50 000 Stück zum Bahnhof schikken ließ. Lina Morgenstern richtete eine Feldpost ein. Während ein »Teil der Frauen und Mädchen beschäftigt war, die Näpfe zu füllen«, und Erfrischungen verabreichte, »teilten andere Damen Postkarten aus«, was gewiß angenehmer war, »und verrichteten bei denjenigen Soldaten Sekretär-

dienste, welche selbst nicht zu schreiben vermochten«. Deutsche Analphabeten gab es immer. Auch ich habe 1943/44 einigen uniformierten deutschen Mitmenschen ihre Post vorgelesen und für sie Briefe nach Hause geschrieben.

Im September 1870 bringt die »Gartenlaube« eine ganzseitige Illustration. »Nach der Natur auf dem Berliner Bahnhof aufgenommen von Prof. Döpler«. Es kann nur einer der uns bekannten Bahnhöfe sein. Oben steht »Speise Saal«. Zwei Soldaten bewachen mit dem Bajonett französische Kriegsgefangene, darunter drei Offiziere. Die anderen fünf sind Turkos, wie damals die Angehörigen der algerischen Schützenregimenter der französischen Armee genannt wurden. Bildunterschrift: »Acht Correspondenzkarten und nur Ein Schriftkundiger«. Die Beherrschung ihrer Sprache wird also nicht einmal französischen Offizieren zugetraut. Zwei von ihnen halten bereits Postkarten in der Hand. Der Algerier schreibt an der Bretterwand für seine Mitgefangenen, die das Geschehen bestaunen. Dieses Schauspiel dürfen interessierte Berliner von nahe betrachten, wobei im Vordergrund ein Knabe auffällt, der unterm Arm eine zusammenklappbare Schiefertafel mit herabhängendem Schwamm unterm Arm trägt. Ja, deutsche Kinder lernen schreiben!

Wie ergreifend wäre eine Zeichnung: Berliner Damen beschriften für des Schreibens unkundige preußische Grenadiere Postkarten mit Grüßen an die Lieben daheim.

Für auf dem Transport erkrankte Soldaten war auf den Berliner Stationen nichts vorbereitet, weil ein deutscher Soldat stets kampfbereit dem Feind entgegeneilt. Lina Morgenstern vermißte Ärzte. Es gab nur eine kleine Feld-Apotheke, die Maria Gubitz zu verdanken war. Bald aber kamen Züge mit den ersten Verwundeten. Mit ihrer Betreuung hatte offenbar niemand gerechnet.

Doch zunächst gab es hohen Besuch. Eine halbe Stunde vor seinem Eintreffen hatte sich das Königspaar anmelden lassen. »Eilig schmückten wir die Halle mit Blumen.« Die hätten auch bei anderer Gelegenheit erfreut, aber so ist das nun mal.

Auf dem Niederschlesisch-Märkischen Bahnhof war ein Bataillon Landwehr eingetroffen. Frau Lina trifft auf »recht verzagte und bekümmerte Familienväter aus Crossen. Ich sprach ihnen Mut zu und prophezeite die Gefangennahme Napoleons. Die Männer wurden etwas heiterer gestimmt, baten mich inständig, für ihre Frauen und Kinder zu sorgen, wenn sie in Frankreich stürben. Ich mußte alle ihre Namen aufschreiben. Dabei war ich selber in höchster Aufregung –«, doch nicht wegen dieser kaum erfüllbaren Aufgabe, sondern: »unser Königspaar konnte jeden Augenblick eintreffen«!

Sie eilt über die Gleise zum Ostbahnhof, verirrt sich im Gewirr der Züge, sucht »in Todesangst« den Ausgang und kommt gerade zurecht, als der Bahnhofsinspektor an alle Damen Rosen verteilt. Aber nicht für das Bataillon ostpreußischer Landwehr, das soeben eintrifft und beköstigt werden muß.

Als die Soldaten gerade an den langen Tischen sitzen, erscheint das Königspaar. Frau Morgenstern geleitet es durch die Speisehalle. »Leutselig unterhielt sich König Wilhelm mit den Soldaten, kostete von den Speisen, verschmähte auch nicht, ein Seidel Bier anzunehmen« – was hat sich geändert bis heute? Das Wort »leutselig« ist aus dem Sprachgebrauch verschwunden, aber wie viele Leute fühlen sich selig, daher der Ausdruck, wenn der General, der Minister oder gar der Kanzler ihnen beim Essen über die Schulter blickt, einigen die Hand gibt und nach Familien-Einzelheiten fragt, die er sofort wieder vergißt. Das Biertrinken entfällt wegen der Werbung.

Wir wollen Lina Morgenstern nicht die Freude schmälern, mit der sie diese Minuten genießt. Zumindest wurde ihr Wirken oben bemerkt und anerkannt. Sie kann sich auf allerhöchste Zuneigung berufen. König Wilhelm sagt zum Abschied: »Die gute Verpflegung, mit welcher Sie unsere Truppen jetzt ermuntern, ist für uns sehr wichtig.« Die bei weitem intelligentere Königin Augusta fügt hinzu: »Ich gratuliere Ihnen, daß Sie den Tag erlebt haben, an dem das Prinzip Ihrer Volksküchen eine so hohe Bedeutung gewonnen hat.« Das ist es. Wie ausgehungert wären die Kampftruppen ohne diese Verpflegung jenseits des Rheins angetreten?

Lina Morgenstern nennt Namen etlicher verantwortlicher Herren, die ihre Tätigkeit freundlichst unterstützten. Aber in den ersten drei Wochen noch nicht, so daß »wir kaum die notwendige Zeit gewannen, nach Hause zu eilen, um uns umzukleiden, und erst in der vierten Woche hatten Beamte und wir es möglich machen können«, den Vertrag

Große Filets von Zander gebacken.

◆

Man spaltet den gesäuberten und gesalzenen Zander in zwei Teile, die man aus den Gräten löst und Kopf und Schwanz entfernt; darauf mariniert man die Filets in Provenceröl, Estragon, Essig, Pfeffer, Salz und aromatischen Kräutern, trocknet sie nach einigen Stunden ab, bestreicht sie mit Ei und geriebener Semmel mit Parmesankäse, beträufelt sie mit Krebsbutter, gießt etwas Jus von Fleisch darauf und bäckt sie im Ofen hellbraun. Dazu paßt Champignonsauce.

Englisches Hühnerfricassee.

◆

1 Henne wird blanchiert, zerteilt und mit Zwiebeln, Sardellen, etwas Salz, weißem Pfeffer und gestoßener Muskatblüte weich gedämpft; man richtet die Hühnerstücke auf einer Schüssel an, gießt die Brühe durch, rollt 1 Stückchen Butter in Mehl, verkocht sie in $1/4$ l Sahne mit einigen klein gehackten Champignons, bindet sie mit 1–2 Eidottern und schärft sie mit Zitronensaft und gießt diese Sauce über die Hühner.

Forellen mit Tokayer.

◆

Die gereinigten Forellen werden gesalzen, auf der Rückenseite mehrmals eingekerbt, in einer Kasserolle mit Tokayer übergossen, daß sie gerade davon bedeckt sind, dazu passende

Gewürze, Pfeffer und Piment. Man gießt die Sauce, wenn die Forellen gar sind, durch, verdickt sie mit Mehl und Butter und schärft sie mit Zitronensaft.

Karpfen mit Paprikasauce.

— ◇ —

In eine Kasserolle gibt man 160 g Butter, dazu ein Stück in Scheiben geschnittene Zwiebel und ungefähr 1 kg gereinigten, in 2 Finger breite und 1 Finger lange Stücke geschnittenen und gesalzenen Fisch, ferner grüne Petersilie. Dieses läßt man ungefähr 15 Minuten zugedeckt dämpfen, gießt nun $1/2$ l sauren Rahm dazu und läßt dies zugedeckt $1/2$ Stunde dünsten, worauf man nach Belieben eine Messerspitze Paprika, einige Kapern und Zitronensaft dazugibt und es aufkochen läßt. Man gibt dazu Kartoffelklößchen.

Brokkoli, Spargelkohl.

— ◇ —

Die Blumen werden geputzt, ganz kurze Zeit in kaltes Wasser, hierauf in siedendes Wasser, dem man Salz und 25 g Butter zusetzte, gelegt, und in offener Kasserolle 12–15 Minuten gekocht, mit einem Schäumer aus dem Wasser gehoben, dämpft man den Brokkoli noch 15 Minuten in Butter, der man 1 Prise Salz und etwas Muskatnuß zusetzte. Der Kohl muß weich sein, aber nicht zerfallen. Auf erwärmter Schüssel angerichtet, übergießt man ihn mit weißer Sauce, legt rings um das Gemüse geröstete Semmelcroutons und reicht Lammkoteletten.

wegen der offiziellen Speisung abzuschließen und zu unterschreiben. »Von einer Nachtruhe war gar nicht die Rede.« Offenbar hatte sich keine Behörde im voraus um die Situation nach der Mobilmachung Gedanken gemacht.

Lina erzählt ein Beispiel, das wir uns nicht vorenthalten mögen: Für achtzehn Uhr wurde ein Bataillon erwartet, das in kurzer Zeit verpflegt werden mußte. Die Frauen füllten die Eßnäpfe mit Reis. Doch der wurde kalt, weil der Zug nicht kam. Eine Anzahl der hilfreichen Komiteemitglieder verabschiedete sich und ging nach Hause; einige wenige blieben. Es wurde zwei Uhr früh, als der Zug einfuhr. Statt der erwarteten tausend Mann brachte er 1250. »Noch nicht eingekleidete Polen, meist in Schafspelzen.« Das Essen war für 1000 Mann aufgetragen. Das nach vielen durchgearbeiteten Nächten zum Ausruhen entlassene Dienstpersonal fehlte, also mußten Lina Morgenstern und ihr Fräulein Böhm immer wieder in die Keller, um Waschkörbe mit Wurst, Fleisch und anderen Lebensmittel emporzuschleppen. »Glücklich waren wir, als endlich die tobende und durch das reichlich von uns gereichte Bier aufgemunterte Gesellschaft der polnischen Rekruten den Saal verlassen hatte.« Als die beiden Frauen sich in ihrer Garderobenkammer, eine andere Ruhestätte hatten sie nicht, zum Schlafen hinlegen wollen, hatte dort ein Leutnant für seine Männer eine Wachstube eingerichtet. Kein Durchkommen. Also gingen sie wieder über die Schienen, zwängten sich zwischen Lokomotiven bis zur Verpflegungsstation, wo gerade Frühstückskaffee zubereitet worden war. Todmüde nahmen die beiden Frauen gern das Angebot eines Bahnmeisters an, in einem nahen Salonwagen zu übernachten. Dort rissen Schreie ihrer Kolleginnen sie aus dem ersten Schlaf. Der Zug rangierte zwar, doch es bestand die Gefahr, daß er weiterfuhr und erst in Königsberg anhielt, wie Lina meinte.

Bald wurden die Züge kürzer, die Abstände größer, in denen Transporte eintrafen. Lina Morgenstern rechnet genau: In ihren beiden Schuppen haben vom 22. Juli bis zum 2. August – das sind zwölf Tage und Nächte – 59 000 Mann gespeist.

NEUE EMPFÄNGER

Während auf dem Niederschlesisch-Märkischen Bahnhof der Betrieb beinahe aufhörte, bekam der Ostbahnhof unerwartete Reisende. Seeleute kehrten aus England zurück, dazwischen Deutsche aus den USA, die teilnehmen wollten am Kriege. Aber meist waren diese Unentwegten mittellos. Der Verein konnte helfen. Und half.

Wie aber steht es an der Front? Die ersten Depeschen werden mit begreiflicher Unruhe erwartet. Die folgenden bieten Siegesmeldungen. Doch die durchaus patriotisch gesinnte Lina Morgenstern denkt an die »auf dem Schlachtfeld Gebliebenen«

und sorgt sich um »die heimkehrenden Verwundeten«. Wieder zeigt sich, daß nur für den Kriegsbeginn gesorgt war, nicht für die unmittelbaren Folgen, nämlich Verwundete. Die ersten, die bereits am 6. August in Berlin eintreffen, es sind wenige, werden gut betreut. Weil Lina und ihre Frauen noch bereitstehen.

Lina Morgenstern nennt die Dinge beim Namen: »Von Seiten der Behörde war bis dahin keinerlei Vorkehrung zum Empfang der Verwundeten auf unseren Bahnhöfen getroffen worden, weder Ärzte noch Heilgehilfen, weder Krankenwagen zum Transport, noch irgend andere Lazarettgegenstände waren vorhanden.« Das war nicht die oft gerühmte preußische Voraussicht, sondern der Schlendrian, der dann Ungezählten ihr Leben kostet, das sie gerettet glauben bei der Rückfahrt in die geordnete Heimat.

Also mußte die energische Lina handeln. »Wir verschafften uns aus eigenen Mitteln die nötigen Sachen zum Verband; die Damen, welche bis dahin mit fröhlichem Sinn die Erfrischungen gereicht hatten, zupften jetzt Scharpie, rollten Binden auf und schnitten Heftpflaster. »Damals«, setzt sie hinzu, »waren antiseptische Mittel und Verbände noch nicht bekannt.«

Überall im Lande zupften Frauen – darunter meine Dresdner Urgroßmutter, wie glaubhaft überliefert – Scharpie. Die bestand aus Fäden, die man durch das Zerrupfen von Leinwandstreifen gewinnt. Die Leinwand muß weich, nicht sehr abgenutzt, mittelfein, sauber gewaschen, nicht gestärkt oder mit scharfer Lauge gebleicht, absolut rein und möglichst desinfiziert sein. Wohl ihm, dem das so sauber auf die bereits infizierte Schußwunde geriet.

Die ersten Verwundeten kamen »meist mit rückständigem Sold« (wofür mußte man diesen kriegsunverwendbar Gewordenen etwa noch Geld zahlen?) und »ohne jegliche Mittel zur Weiterfahrt« an. (Sollte etwa das Preußische Kriegsministerium für sie eine Fahrkarte nach Hause kaufen?) Damit diese erbarmenswürdigen Heimkehrer nicht bettelnd mit Wehklagen und blutigen Notverbänden das Berliner Stadtbild störten, veranstalteten Lina, ihre Helfer und Bahnhofsbesucher eine Sammlung »und beschlossen, jedem Verwundeten einen Zehrpfennig mit auf den Weg zu geben und dieselben gratis zu speisen. Auf diese Weise unterstützten wir 1700 Verwundete.« Die empfanden das mehr oder weniger gerührt als den oft erwähnten Dank ihres Vaterlandes.

Ungeübt und von solcher Aufgabe überrascht, vermochten sich nur wenige Frauen am Wechseln der Verbände zu beteiligen. »Wir waren daher doppelt angestrengt.«

Zwei Ärzte, Dr. Julius Boas und Dr. Plonski, erscheinen auf dem Bahnhof und bieten ihre Hilfe an. Sie kommen von sich aus, freiwillig, von keiner Behörde beauftragt. Nicht weniger spontan erscheint aus Stettin eine freiwillige Pflegerin, Frau Piper. Als »Massenzüge mit Verwundeten ankamen«, engagierte Linas Verein zwei Heilgehilfen.

NEUGIERDE,
ABSCHEU UND MITLEID

Die Schlacht bei Wörth (Woerth-sur-Sauer) am
6. August 1870 war der erste große Sieg der
Deutschen in diesem Krieg. Deutsche Verluste:
10 600, Franzosen: 11 600. Die Franzosen sicherten
sich den Rückzug, die Deutschen machten 9 200
Gefangene. Vierhundert von ihnen langten bald
bei Lina Morgenstern an. Sie versuchte sie zu ord-
nen: »Es waren meist Turcos, Araber, Zuaven und
Zephire, welche die Franzosen unseren Heeren in
den ersten Gefechten entgegengeschickt hatten.«

Turkos, also die Angehörigen algerischer Schützenregimenter des französischen Heeres.

Zuaven, ursprünglich algerische, wegen ihrer
Tapferkeit gern als Soldaten verwendete Einhei-
mische. Nachdem Frankreich 1830 Algerien in Besitz
genommen hatte, wurde aus Eingeborenen eine
Truppe errichtet, die als Zouaves, befehligt von
französischen Offizieren und Unteroffizieren, zur
französischen Armee gehörten.

Zephire? Zephyr heißt doch schon seit den alten
Griechen der milde Westwind, der seine Geliebte
Chloris entführte und ihr die Herrschaft über das
gesamte Blumenreich gab. Ihr Sohn wurde bei
Zeus zum Vorsteher aller Früchte ernannt. Sanft
spüren wir Zephir als Abendwind. Nach ihm ist
zart-weiches Baumwollgewebe benannt. Für Her-
renoberhemden, Blusen, Schlafanzüge, Kleider

geeignet. Sind die Zephire etwa zartfühlende Sanitäter?

Lina Morgenstern sieht es anders: »Mit sonderbarem Grauen betrachtete man die Zephire, denen der Ruf vorausgegangen war, daß sie zu diesem Krieg entlassene Galeerensträflinge seien.« Von Hand geruderte Galeeren gab es schon seit hundert Jahren nicht mehr. Doch Wörter haften.

Zephire ... Tatsächlich, Zephyrs hießen damals in der französischen Armee die drei Bataillone leichter afrikanischer Infanterie, in die mit mindestens drei Monaten Gefängnis bestrafte Soldaten gesteckt wurden, wenn ihnen wenigstens noch ein Jahr Militärdienst bevorstand.

Nun kamen sie mehr oder weniger verstört auf dem Berliner Bahnhof an, wußten vermutlich nicht, wo sie sich befanden; und ob man ihnen vorher das Kriegsziel erklärt haben konnte, ist zu bezweifeln.

»Die ersten Gefangenen waren meist verwundet«, schreibt Lina. Völlig klar. Wer läßt sich denn als Söldner totschießen? Davonlaufen ist erste Menschenpflicht, sobald man in eine Uniform gezwungen wurde.

Lina Morgenstern, und man muß ihr zugutehalten, daß sie voreingenommen gegen »Wilde« erzogen worden ist, erblickt ihre ersten richtigen Ausländer: »Ihr grotesker Anblick in den bunten, mannigfachen Trachten, ihr wildes, dennoch gleichgültiges Gebaren ließ fast vergessen, daß es Gefangene seien.« Da haben wir's. Sie sind uninteressiert am Kriege. »Man betrachtete sie mit einem Gemisch von Neugierde, Abscheu und Mitleid«, das ist hervorragend formuliert, »und mit der Empfindung, daß es einer zivilisierten Nation wie Frankreich unwürdig sei, die wilden, unzivilisierten Elemente eines anderen Weltteils in den europäischen Krieg zu senden.«

Preußisch Deutschland hatte noch keine eigenen Schwarzen aus Kolonialafrika einsatzbereit. Wie gut, sonst hätten sie auf dem Berliner Bahnhof gespeist werden müssen auf ihrem Weg nach Frankreich, wo sie als Kriegsgefangene nicht weniger Neugierde, Abscheu und Mitleid erregt haben würden unter der französischen Bevölkerung, die in der Zeitung lesen könnte, daß es einer zivilisierten Nation wie Deutschland unwürdig sei, unzivilisierte Elemente eines anderen Weltteils und so weiter.

Es wird etwas kritisch für die Helferinnen auf dem Bahnhof. Je mehr Gefangene eintreffen, desto mehr neugierige Berliner kommen; es sprach sich herum, was für Exoten zu besichtigen waren, stand wohl auch in den Blättern. Die »Gartenlaube« läßt französische Kriegsgefangene im offenen Güterwagen »nach der Natur« zeichnen. Da hocken sie, grauslich anzusehen. Wie im Zoo betrachtet von einem zu den besseren Kreisen gehörenden Ehepaar mit Tochter. In der Mitte des Waggons ein Posten mit Pickelhaube. Die ist, sehen wir nur genau hin, mit Eichenlaub bekränzt. Ebenso der Helm des Nebenmannes, der raucht seine Pfeife.

Lina Morgenstern: »Neugierige drängten sich scharenweise zum Schuppen, schlichen sich bei uns ein, hemmten unsere Tätigkeit und begingen

oft Handlungen, für welche wir verantwortlich gemacht wurden.« Was mag das heißen? Wurden die Gefangenen bespuckt oder bedroht, ohne daß die Posten eingriffen? Warf man den Gefangenen Brot oder andere Gaben in den Waggon, ohne daß die Posten eingriffen? Oder hielt man sie gar für eigene Leute...

Als wir im Sommer 1943 in Danzig Luftschutzgräben aushoben in einem Park, geschah es, daß uns der eine oder andere Deutsche heimlich ein Päckchen Zigaretten in die Grube warf. Die hätte er doch seinen Landsleuten freudig öffentlich in die Hand drücken können. Vermutlich hielt man uns wegen der Arbeitskleidung für gefangene Russen. Das nur am Rande.

Lina Morgenstern, wie soll sie anders handeln, läßt die französischen Kriegsgefangenen »nicht von unseren jungen Damen«, sondern von den Herren bedienen. Es könnte zu beiderseitigem Augenwerfen kommen – doch das darf nicht sein.

Bei allem anerzogenen Patriotismus, inmitten des Siegesjubels, stand für Lina Morgenstern fest, »daß wir die verwundeten Franzosen in derselben barmherzigen Weise verpflegen würden wie die Deutschen«.

Dieser Satz sei nicht vergessen.

Weiter heißt es: »Bald sollten wir hinreichende Gelegenheit haben, den Feinden wie den Freunden gleich hilfreich beizustehen; denn nach den grausamen Schlachten von Wörth, Metz, Gravelotte, Mars-la-Tour drängten sich die Züge der Gefangenen und Verwundeten, sie kamen meist unangemeldet, verfrüht oder verspätet, bei Nacht wie bei Tage. Immer fanden sie uns zu schneller und freudiger Hilfe bereit.«

Linas Wortlaut ist authentischer als jedes Nacherzählen. Wie bewältigen sie die mit dem Bereitsein verbundene Erschöpfung?

»Kam der Abend heran, so lagerten wir uns in irgendeinen Waggon, der auf dem Güterbahnhof stand, um am frühen Morgen wieder hilfsbereit zu sein.« Oder sie suchten sich ein Lager »auf den Erbsensäcken der Speisekammer; an den Kochherden lagen die Köchinnen und Hilfsfrauen, auf den Bänken schlummerten die helfenden Männer, Soldaten, Schutzleute und Beamten«. Dafür findet sie ein poetisches Bild. Es muß ihr bei diesem Anblick gekommen sein: »Es schienen plötzlich wie im Dornröschen alle in der Stellung, in der sie eben tätig gewirkt hatten, in Schlaf gefallen zu sein.« Da unterbricht ein Telegrammbote das Idyll. Auf dem Potsdamer Bahnhof in Berlin ist ein großer Zug mit Verwundeten angekommen und wird bald hier sein. »Schnell sprangen alle auf, die Feuer wurden geschürt, in den Kesseln ward gerührt. Jeder stellte sich auf seinen Posten.«

Doch so schnell fuhren die Preußen nicht. Die Züge langten oft erst nach zwei Stunden an. Wenn einer kam, nahmen »einige Wein, um den Verschmachtenden entgegenzugehen, andere eilten« mit Verbandzeug, Wasser und Wäsche. »Welch ein Anblick! Hier wurde ein Verstümmelter auf den Schultern hinausgetragen, dort schwankte ein anderer zwischen zwei ihn führenden Kameraden, auf einem Stein ruhte ein dritter«, der konnte nicht weiterlaufen. Verständliche Rührung auf beiden Seiten. Doch selbst bei der in wenigen Tagen solcher Praxis erlangten Gewandtheit, Verbände anzulegen und zu wechseln, waren sie nur vier bis sechs Frauen. Bei weitem zu wenig. Schickte die Behörde noch immer keine Verstärkung?

Wenn jene Verwundeten versorgt waren, die sich zu den Schuppen schleppen konnten, stiegen die Frauen in die Waggons, wo die Schwerverwundeten und Sterbenden lagen, »oft Franzosen und Deutsche gemischt«. Es dauerte lange, bis die hilfreichen Frauen von Waggon zu Waggon gelangten, »Wunden verbanden, die Unglücklichen wuschen und ihnen reine Wäsche gaben, was sie immer als größte Wohltat empfanden«.

Es waren Frauen, nicht in der Krankenpflege und schon gar nicht für die Versorgung Verwundeter geschult, die sich mütterlich um den einzelnen kümmerten.

»So ging manche Nacht vorüber, der Morgen brach herein, und wenn wir dann zu Tode ermattet zum Bewußtsein dessen kamen, was wir vollbracht, konnten wir es kaum selber fassen, woher uns die Kraft zu dem schweren Werk gekommen war.«

An einem solchen Morgen sank Lina Morgenstern »erschöpft auf einen Holzstuhl«. Sie hatten von abends 20 Uhr bis 11 Uhr anderntags drei Züge mit Verwundeten versorgt. Auf dem Niederschlesischen und auf dem Ostbahnhof. »Im wahren Sinne des Wortes hatte ich ohne die geringste Erfrischung zu mir zu nehmen oder nur einen Moment zu rasten, fortwährend Wunden verbunden, Erfrischungen verteilt, die Verwundeten gewaschen und ihnen neue Wäsche gegeben.«

Dennoch war nicht an Ruhe zu denken. Für morgen waren Bestellungen aufzugeben. Die Lieferanten, »von denen alles herbeigeschafft werden mußte« – wieso Lieferanten, wenn sie nicht ins Haus liefern? –, wohnten weit weg.

Als Lina Morgenstern fast die Augen zufallen und sie an Ausruhen denkt, kommt »ein Herr, der sich als Reporter vorstellte«.

»Sie sollen Franzosen bevorzugt haben?!«

MENSCHLICHKEIT ZUM WEITERGEBEN

Das hatte der erschöpften Lina Morgenstern gerade noch gefehlt.

Aber der Zeitungsmann kam wenigstens nachprüfen. Lina las den Vorwurf nicht im Blatt. Der Redaktion, leider wissen wir nicht welcher, war ein »Schmähartikel« zugegangen »über unser Verhalten auf dem Bahnhof. Wir sollten die Franzosen bevorzugt haben. Er wolle hören, ob es sich so verhalte.«

Lina »war keines Wortes mächtig« und zeigte auf die im Schuppen wachhabenden Polizisten: »Bitte wenden Sie sich an diese Beamten. Sie werden Ihnen mitteilen, was wir hier treiben!«

So bekam der verblüffte Reporter zu hören, er möge die Zeitungsschreiber herschicken, damit sie beobachten könnten, »wie unsere Damen sich für unsere Verwundeten aufopfern«.

Besonders in Kriegszeiten muß der Gegner ein Feindbild bieten. Er muß entsprechend aussehen. Die erwähnte »Gartenlaube« bringt ganzseitig sieben Köpfe zumeist bärtiger Turbanträger, »nach der Natur aufgenommen« und mit der Unterschrift: »Einige Träger der französischen Civilisation«. Zur Abschreckung, zur weiteren Erregung nationaler Gefühle.

Ähnliches, in der Nazizeit nur schlimmer vorgesetzt bekommen zu haben, erinnert sich unsereiner. Abbildungen von Juden, verglichen mit Ratten und als Ungeziefer zur Vernichtung freigegeben. Diese Darstellungen wurden 1941 abgelöst durch Wochenschau-Vorführung von Herden kriegsgefangener Russen. Lauter »Untermenschen«.

Ich gäbe etwas darum, eines der Fotos zu sehen, das US-Presseleute von mir aufnahmen, als wir am 29. Juli 1944 eingezäunt auf einer normannischen Wiese hockten und im Mittagssonnenschein, der bekanntlich Kleiderläuse animiert, sie in Scharen aus den Nähten unserer reichsdeutschen Hemden zupften; die Lästigen wie gewohnt zählend. Bei hundert hörte ich auf. Untermensch im Unterhemd.

Wer kommt derzeit ins Visier der bewegten und stehenden Bilder?

Der Staat hatte bereits 1870 Unter den Linden erobertes feindliches Kriegsgerät zur Schau gestellt, als sich in Berlin das Gerücht verbreitete, es käme ein Zug an mit 2 500 kriegsgefangenen Franzosen, darunter 250 Offiziere. Wer sie betrachten wollte, es waren viele, mußte hingehen. So füllte sich Linas Güterschuppen mit Menschen, die keine Hilfsbereitschaft trieb, sondern Neugier.

Es war eine solche Menge, die sich an den Wächtern, Schutzleuten und Soldaten vorbeidrängte, daß Lina und ihre Helferinnen kaum ein- und ausgehen konnten.

Die Lokomotive pfeift. Der Zug nähert sich, fährt ein und hält an einer schmalen Rampe dicht vor dem Schuppen. Dort lauern – Lina Morgenstern nennt diskret keine Namen – »Damen und Herren aus der höchsten Aristokratie, die Häupter der Behörden und viele Professoren und Künstler« auf den gebändigten Feind. »Aber auch sie standen eingeklemmt, ohne vor oder zurück zu können.«

Es läßt sich schwer vorstellen. Als die Franzosen aus den Waggons, in denen sie auf engstem Raum gesessen hatten, in den Speicher gebracht wurden, »herrschte eine Luft, die das Atmen erschwerte«: Der Raum faßte sonst kaum 2 000 Menschen, jetzt waren es »gegen 6 000«. Vielleicht kam es Lina Morgenstern so vor, aber diese Zahl klingt recht hoch. Schon 2 000 Neugierige waren zu viel. »Mit unsäglicher Mühe vermochten wir die Ordnung der Bedienung aufrecht zu erhalten; es war ein Glück, daß jeder Tisch seine bestimmten Damen und Herren hatte.« Die füllten die Schüsseln und verteilten die Portionen, »unbekümmert um Stöße und den Lärm der Menge«.

Was die französischen Kriegsgefangenen nicht
bekamen:

Französische Lammkoteletts.

—————— ◇ ——————

Bevor man die Koteletts paniert und bratet,
dünstet man sie in heißer Fleischbrühe mit
Rotwein und stellt sie kalt. Wenn sie gebraten
sind, verziert man jedes Rippchen mit einer
Papiermanschette.

Französisches Kaninchen-Fricassee.

—————— ◇ ——————

Ein abgehäutetes, sauber gewaschenes und
ausgenommenes Kaninchen wird 1 Stunde in
lauwarmem Wasser gewässert, herausgenommen, abgetrocknet, in Stücke geteilt und mit
70 g zerlassener Butter, 12–15 Champignons,
ebensoviel kleinen ganzen Zwiebeln, Salz und
Pfeffer 4–5 Minuten gedämpft, doch darf das
Fleisch sich nicht bräunen. Jetzt gießt man 1
Glas Weißwein, $^{1}/_{4}$ l Brühe daran, stäubt Mehl
daran und läßt die Fleischstücke auf kleinem
Feuer noch 30 Minuten langsam kochen, wobei man sorgfältig allen Schaum entfernt. Nun
wird die Sauce mit 2–3 in Sahne gequirlten Eigelben abgezogen und mit Zitronensaft abge-
schärft. Statt der Zwiebelen und Champignons
kann man Blumenkohlröschen und in Stücke
geteilten Spargel, auch Sellerieknollen, die
man mit dem Fleisch verkocht und das wohl-
schmeckende Gericht mit Krebsschwänzen
und gefüllten Krebsnasen garniert, mit Krebsbutter beträufelt, aufgeben.

Gebackener Spargel, französisch.

— ◇ —

Schöner, dicker Spargel wird geputzt, geschält, das holzige Ende abgeschnitten, in
Bündel gebunden und in siedendem Salzwasser einigemal aufgekocht; dann hebt man ihn
heraus, übergießt ihn mit kaltem Wasser,
trocknet ihn vorsichtig mit einem Tuche ab,
bindet immer 4 bis 5 Stangen zusammen,
taucht sie in einen aus Wein, Öl, Mehl und
Salz bereiteten Teig und bäckt sie schön
braun in Butter, garniert die Spargel mit Petersilie und gibt sie als hors d'œuvre.

Kartoffelsalat auf französische Art.

— ◇ —

Zwei hartgekochte Eidotter werden mit einem gehäuften Teelöffel Senf, 1 Teelöffel Salz,
1 Messerspitze gestoßenem Pfeffer, 1 Teelöffel
voll feingehackter Schalotten, 4 Eßlöffel voll
Olivenöl und 3 Eßlöffel Estragon- oder Wein-
essig zu einer glatten Sauce verrührt, zu welcher man 750 g der eben abgekochten, geschälten und in feine Scheiben geschnittenen
Kartoffeln mischt; man kann den Salat mit
eingelegten Oliven belegen.

Und die Menschen in den Wagen? Verschmachtend und sterbend. Um wenigstens einem ein Glas Wasser zu bringen, bahnte sich Lina »den Weg über Tische, an denen die Gefangenen speisten, als plötzlich zur Abfahrt geblasen wurde und ein solches Gewühl von hinein- und hinausströmenden Menschen entstand«, daß sie fast erdrückt worden wäre. Der Bauinspektor Sebald und Hauptmann zu Putlitz packten sie bei den Händen, zogen sie vorwärts, »denn an ein Zurück war nicht mehr zu denken«.

Auf der schmalen Rampe eingeklemmt zwischen den Franzosen und den Soldaten, die mit ihren Bajonetten eher das Berliner Publikum fernhalten als die Gefangenen bewachen mußten. Da ließen die beiden Herren Linas Hände los, eilten nach vorn, wo sie wegen der Ausfahrt zu tun hatten. So stand Lina, »die einzige Frau, verlassen und schutzlos, von allen Seiten gequetscht und gestoßen«, von vorbeigehenden Franzosen bedauert, während sie vergeblich den Beistand der eigenen Soldaten anfleht; die aber, »der eisernen Disziplin gehorchend«, rufen nur: »Durchlassen ist unmöglich!«

Jedenfalls landet Lina Morgenstern nach gefährlicher Bedrängung, von einem Wolkenbruch durchnäßt, schließlich in den Küchenräumen, wo sie sich umkleiden kann. »Die allgemeine Aufregung war so groß, daß niemand meinen entsetzlichen Zustand beachtete.« Lina setzt sich an den Bestelltisch. Wer hätte ihr verübelt, wenn sie jetzt ihre Kündigung geschrieben hätte, ihren Rücktritt: »Mir reicht's!« Auf diesen Gedanken kommt sie nicht. Sie ordert Nachschub für den nächsten Tag, denn es werden weitere Züge eintreffen. Dann ist sie am Rande ihrer Kräfte und muß nachts nach Hause gefahren werden. Am anderen Morgen steht sie um 6 Uhr wieder im Güterschuppen.

Zu den fürs Volk ausgestreuten Gerüchten gehörte, daß die Turkos jene verletzen oder gar töten wollten, von denen sie versorgt und verbunden wurden. Lina Morgenstern wies all das zurück. Das Gegenteil war erlebt. Die »wilden Söhne Afrikas hatten jede Hilfeleistung mit bescheidenem Dank« angenommen. Einmal war Lina zu zwei schwerverwundeten Turkos in den Wagen gestiegen, um sie zu verbinden, »als plötzlich der Zug sich in Bewegung setzte und ich bis zum nächsten Haltepunkt mitfahren mußte, ohne daß die Söhne Afrikas das Messer gezückt hätten«.

»Maman, maman, merci«, sagten die Afrikaner »immer wieder«. Nannten diese fremde Frau dankend »Mutter«. Da fällt mir wieder etwas ein: 1946, in Schottland, nahe Glasgow, hatte einer von uns Kriegsgefangenen die Bekanntschaft einer älteren Schottin gemacht, die uns beide einlud und mit Tee, Gebäck und Freundlichkeit bewirtete. Ihr Sohn war mit einem Geleitzug im Atlantik untergegangen.

»Ich bin eure schottische Mutter!« sagte sie.

FALSCH VERBUNDEN

In einem der Zeitungsartikel heißt es: »Wer sich auf unseren Berliner Bahnhöfen umtut, wird nicht umhin können, diesen selbstlosen Samariterinnen höchste Bewunderung für ihren enormen Einsatz zu zollen. Diese Hingabe gilt, wie wir uns persönlich überzeugen konnten, nicht nur den deutschen Soldaten, sondern ebenso den gefangenen Franzosen. Schon dieses ›ebenso‹ dürfte den aufmerksamen Leser stutzig machen – mit Recht, wie sich leider erweisen wird. Denn wie der Augenschein uns lehrte, sind die unter Anleitung von Frau Morgenstern tätigen Damen und Mädchen um die Franzosen nicht allein ebenso wie um die Deutschen bemüht, sondern sie bevorzugen die Angehörigen des feindlichen Volkes auf eine nachgerade befremdende Weise. Während die Leidensschreie aus den mit unseren deutschen Helden belegten Waggons unüberhörbar waren, trafen wir Frau Morgenstern und eine Helferin beim Verbinden eines Turkos an...«

In ihren Erinnerungsblättern aus dem Kriegsjahr 1870/71 schreibt Lina Morgenstern milde von »Schmähungen« der Presse. Wahrscheinlich ist sie angesichts der Anstrengungen gar nicht zum Zeitunglesen gekommen. Erschöpfung bewahrte sie vor Sätzen wie: »Kein Zweifel, daß die ansonsten hochgeschätzte Dame sich auch weiterhin vornehmlich mit französischen Verwundeten zu befassen gedenkt.« Dann heißt es höflich drohend: »Es ist zu hoffen, daß die redlichen Helferinnen auf den Berliner Bahnhöfen zur Einsicht gelangen und künftig unseren deutschen Soldaten mindestens die gleiche Aufmerksamkeit widmen werden wie dem Erbfeind.«

Auch »Etappenbeamte« waren strikt gegen die Versorgung der französischen Kriegsgefangenen. Jedoch erklärte Lina, »im Namen des Völkerrechts und der Menschlichkeit« sei es wichtig, mit Kriegsgefangenen so menschlich zu verfahren, wie »man wünscht«, daß mit unseren Kriegsgefangenen verfahren werde!«

Zwei ihrer hilfreichen Damen hatten sich bisher nicht am Verbinden beteiligt. Sie kannten den Anblick solcher Wunden nicht, scheuten Blut, Gestank, Schreie. »Als aber in einer der Schreckensnächte die helfenden Frauen für die Menge der Verstümmelten zu wenige waren, und wir zu tun hatten, um denen beizustehen, die um uns her in ihrem Elend lagen, saßen und standen, und als man uns sagte, daß in den Waggons Schwerverwundete laut nach Hilfe riefen, da war jede Scheu von den beiden Damen gewichen.« Sie ließen sich alle Hilfsmittel geben. Und als »ich, mit meinen Unglücklichen fertig«, zur Unterstützung kam, fand »ich sie mit Geschicklichkeit arbeitend, um die eiternden Wunden auszuwaschen und zu verbinden. Von diesem Augenblick an hatten sie ihren Widerwillen überwunden.«

Wie steht es um den Widerwillen, besser gesagt um die Gleichgültigkeit der Regierung? »Acht kaum zu beschreibende Tage und Nächte kamen die Verwundeten in immer trostloserer Verfassung bei uns an, viele sich verblutend, und noch immer wurde uns keine Hilfe von Seiten der Behörden zuteil.«

Es wundert, warum die Unbrauchbaren überhaupt in solche Züge gehäuft wurden.

Lina: »Noch immer hatten wir weder einen abgesonderten Raum zum Verbinden, noch Lazarettgegenstände, die wir nicht selbst kauften.« Auch das noch! Nur aus Spenden finanzierte Hilfsmittel für die barmherzigen Laien. »Die Kasse der freiwilligen Beiträge war gänzlich erschöpft.«

Ohne sich um Enthüllungsjournalisten zu kümmern, faßte Lina Morgenstern »nach einer grauenvollen Nacht den Entschluß«, sich an den Centralverein für Pflege Verwundeter zu wenden. Es war ein Zug mit französischen Verwundeten eingetroffen, direkt »vom Kriegsschauplatz«, und sie waren »noch nicht, oder sehr mangelhaft verbunden« worden.

Die im Centralverein anwesenden Vorstandsmitglieder hörten »mit großer Teilnahme« zu, doch »mein zerstörtes Aussehen nach einer Reihe solch entsetzlicher Nächte sprach mehr noch als meine Worte«. Schleunigste Hilfe für Verwundete sei auf allen Bahnhöfen nötig, falls es überall so zuginge wie auf den von ihr betreuten.

Sofort bekommt Frau Morgenstern 1 500,– Mark. Sie muß eine Liste schreiben: Schnell werden zwei Möbelwagen beladen mit Matratzen, Wolldecken, Bettwäsche, Hemden, Verbandszeug. Die Gräfin Oriolla, Hofdame der Königin, fordert einen Bericht an für die Königin.

Lina Morgenstern beschreibt »mit den einfachen Farben der Wahrheit« – welch ein Satz! – die Zustände auf den Bahnhöfen. Die Gräfin fährt mit dem Brief ins Schloß, während Lina die Zeit nutzt, um nach Hause zu fahren. Nur kurz hat sie in letzter Zeit ihre Kinder sehen können. Zu Hause liegt schon ein Schreiben aus dem Kabinett der Königin. Sie zahlt aus »eigenem Antrieb 300 Mark zur Verpflegung der Truppen«. Und was zahlt ihr Gemahl, der König?

Das gehört endlich in deutsche Geschichtsbücher.

Zum Centralverein zurückgekehrt, trifft Lina Morgenstern auf die Gräfin Oriolla. Heute abend noch wird geholfen werden!

Auf dem Bahnhof wartet bereits auf sie ein Kammerdiener mit einem Brief aus dem königlichen Kabinett. Die Königin hat sofort die nötigen Schritte getan, »um den von Ihnen gerügten Übelständen bei dem Transport der Verwundeten abzuhelfen«. Und – ihr Beamten seid gewarnt – sie wird in den nächsten Tagen den Ostbahnhof wieder besuchen! Ihre Majestät hofft, »daß Remedur« – das hieß damals Abhilfe – »eintreten werde«! Nur, »was die Schwierigkeiten betrifft, die von den mangelhaften Dispositionen der Eisenbahnbehörden herrühren, so fürchtet Ihre Majestät, hier nicht einwirken zu können«. Deutliche Sprache.

Dennoch, Linas guter Draht nach oben.

Wenige Stunden später erscheint im Bahnhof der Herzog von Ujest, um im Auftrag der Königin wünschenswerte Anordnungen zu treffen, damit die Verwundeten besser versorgt werden. Er wurde Augenzeuge der von Lina Morgenstern beklagten Umstände: »Wir befanden uns in einer pestähnlichen Atmosphäre; um einigermaßen eine lebensmögliche Luft herzustellen, mußte man fortwährend Zug durch entgegengesetzt geöffnete Türen erzeugen. In dem ganzen Raum war nicht ein abgeschlossenes Plätzchen, wo der traurige und oft die Scham verletzende Anblick der Verwundeten, deren Umkleidung notwendig war, vor den Augen des neugierigen Publikums hätte verborgen werden können« – Es waren also immer noch Zuschauer anwesend...

Der Herzog ordnete an, ihm gehorchte man sofort, daß ein Teil des Güterschuppens als Verbandsstätte abgeteilt wurde. So kommt Bewegung in preußische Beamte, die sich von einer Frau Morgenstern nichts sagen lassen.

Eines Tages, nach fünfundzwanzig Jahren, zieht Lina Morgenstern Bilanz: Von Juli 1870 bis Juli 1871 seien über 260 000 deutsche Soldaten und 70 000 französische Kriegsgefangene auf den beiden Berliner Bahnhöfen »bewirtet und verpflegt« worden.

IM VEREIN UNVEREINT

Seit zum Aufatmen. Der Verbandsplatz wird eingerichtet, die Hilfsmittel sind unterwegs. Alles scheint sich gut zu entwickeln, da beantragt der

Schatzmeister des Vereins der Berliner Volksküchen den Rückzug von der Soldatenverpflegung auf den Bahnhöfen. Vielleicht hatte er einen Wink bekommen. Jene Zeitungsartikel... Zu freundlicher Umgang mit Feinden...

Die Aufgabe des Vereins sei gelöst, die Truppen bei ihrem »Hinzuge nach dem Kriegsschauplatz zu beköstigen«. Von Rückkehrern war nie die Rede. Nun brachten sie unerwartete Probleme. Sie entzogen den anderen Volksküchen Personal. Zwar sei das Unternehmen großartig verlaufen – viele Tausende waren gratis verpflegt worden –, aber das Kapital des Volksküchenvereins könnte beeinträchtigt werden. Der Schatzmeister empfahl, den Vertrag mit der Regierung zu kündigen und das Erfrischungscomité aufzulösen.

Die Frauen des Vorstands waren entsetzt. Sie hatten sich wochenlang mit allen Kräften aufopfernd Tag und Nacht um andere Menschen bemüht und verlangten jetzt eine ordentliche Sitzung, um diesen Antrag ablehnen zu können.

Wie das vorkommt, wurde diese Vorstandssitzung genau zu der Zeit anberaumt, als der Umzug in die neue, durch Veranlassung der Königin eingerichtete Verbandsstätte erfolgte. So konnten außer der unentwegten Lina, die ihren Mann den Umzug leiten ließ, nur einige Vorstandsdamen erscheinen. Die Sitzung verlief, wie zu erwarten, stürmisch.

Hier die hilfsbedürftigen Verwundeten und Kranken, dazu die Unterstützung der Königin, das hieß fortzufahren. Dort die Meinung der männlichen Vorsteher, es sei weder ordentlich Protokoll geführt worden, außerdem die Statuten verletzt –

Finanzierſauce.

◇

Eine feine, weiße Coulis – (das ist ein Saft aus Zwiebeln, Mohrrüben, Petersilienwurzel, Lorbeerblatt, etwas weißer Pfeffer, eine Prise Salz, klein geschnittener roher Schinken, Kalbfleisch und Geflügelfleisch unter Zuguß von etwas Kalbfleischbrühe. Bis zum Gallertartigen gedünstet, dann mit Fleischbrühe verkocht, durchgeseiht, mit Champignons nochmals gekocht und mit weißer Mehlschwitze verdickt. Eine Grundlage für Saucen oder Suppen) – wird mit Trüffeln, Champignons, Sardellen, Krebsschwänzen, Krebsbutter verkocht und vor dem Anrichten kommt $1/2$ Flasche Champagner daran.

aber wie oft waren Männer vom Vorstand hilfeleistend erschienen? Das wollte keiner hören. Mit einer Stimme Mehrheit wurde entschieden, das Unternehmen an das Ehepaar Morgenstern zurückzugeben, zumal der Vertrag mit der Behörde auf den Namen Lina Morgenstern ausgestellt war. Also war der Verein überhaupt nicht zuständig.

Das bedeutete, das Unternehmen konnte wie bisher, nun aber rein privat weitergeführt werden. Lina sagte das den Anwesenden; sie fühlte sich allein moralisch zur Pflege der Kranken und Verwundeten verpflichtet und forderte die Damen auf, das nun private Unternehmen »mit demselben Patriotismus zu unterstützen« wie bisher. Nach besten Kräften.

»Der Rücktritt des Volksküchenvereins ... war der Beginn eines harten, fortgesetzt schweren Kampfes, der unseren Mut bis zum Ende unserer Arbeit, während der Kriegszeit oft auf eine unerhörte Weise auf die Probe stellte.«

LINA WIRD MILITÄRISCH BERÜHRT

Am 23. September 1870 sollte auf dem Niederschlesisch-Märkischen Bahnhof die auf Befehl der Königin errichtete Verbandsstätte eingeweiht werden. Zuvor erschien bei Frau Morgenstern der Generalarzt Steinberg, um zu fragen, »ob wir Militärärzte für unser Lazarett wünschten«. Damit genügte er der Form. Jedoch »es würde sehr schwer sein, solche zu erlangen«.

Lina, den Zynismus ignorierend, antwortete, da wären zwei freiwillige Ärzte, Dr. Boas und Dr. Plonski. Sie hätten bisher aufopfernd den Verwundeten beigestanden. Das sollten sie fortsetzen dürfen, dazu aber die Vollmacht bekommen, nach ihrem Ermessen Schwerverwundete »von der Weiterfahrt auszuschließen und in Berlin unterzubringen«. Es hatte in den letzten Wochen genug Todeskandidaten mit Marschbefehl gegeben.

Der Generalarzt lehnte das als unmöglich ab. Nur Militärärzte können das entscheiden. Er hatte nur keine. Aber solche, die würde er schicken, »die noch in der Prüfung standen oder sie erst absolviert hatten«. Daher geeignet, über Leben und Tod zu entscheiden. Wohl jenem Soldaten, der noch in Berlin verendete, anstatt »transportfähig« auf dem Eisenbahnweg nach Parchim oder Königsberg schmerzhaft zu Tode gerüttelt zu werden.

Vergebens, wie sich denken läßt, bat Lina Morgenstern die hohe Militärperson, ihr die erfahrenen Ärzte zu belassen.

Der Generalarzt, daß er überhaupt mit einer Frau so lange verhandelt! Daß sie Jüdin ist, merkt er vielleicht gar nicht. Frau allein genügt! Also: Diese zivilen Ärzte haben jetzt hier nichts mehr zu suchen! Nicht einmal »Abtreten!« darf der Generalarzt Lina Morgenstern befehlen.

Wieder offenbart sich die Unmenschlichkeit des Militärs, aufs Töten abgerichtet, um nicht zu sagen Morden, sogar der unversorgten eigenen Leute. Deren Schreie aus den Güterwagen dringen kaum bis in die Stabsquartiere. Und wenn schon. Menschen gibt es mehr als alles andere.

Kaum war die neue Verbandsstätte bezogen, gleich am ersten Tag, kam ein »Etappen-Leutnant v. R.« zu Frau Morgenstern. Noch ist das Wort »Datenschutz« nicht geprägt, aber in der Praxis vorhanden, um Rache, Gerichtsverfahren usw. zu vermeiden. Daher ist Lina noch Jahre später vorsichtig, läßt diese Episode sogar ganz weg. Sie weiß, und wir wissen es auch, daß dieser Leutnant nur vorgeschickt worden ist. (1932 bekommt er zehn Mann zu Hilfe – aber das ist nur noch für Kenner. Heutzutage setzt man in der Regierung gleich aufgehörte Generale ein.)

Jener erklärt in geschwollener Sprache, liest er ab?: »Hiermit habe ich Ihnen zu melden, daß die neue Verbandsstätte Militärlazarett ist, da zwei Militärärzte angelangt sind.« Absolventen? Mit Abschlußexamen? Bislang unfähig und untätig, greift die Militärbehörde gierig zu: »Fortan haben die Damen mit der Pflege der Verwundeten nichts mehr zu tun, auch dürfen sie ohne Erlaubnis der Ärzte oder der Etappe das Lazarett nicht mehr betreten.«

Hausverbot.

Aber nicht mit Lina Morgenstern!

Es kommt noch besser. Der Leutnant ersucht, ihm »das Depot auszuliefern, welches Ihnen vom Centralverein übergeben wurde«.

Lina: Mein Erstaunen war maßlos.

»Sie irren, Herr Leutnant!« Wann jemals hat ein deutscher Mensch das zu einem deutschen Offizier zu sagen gewagt?

»Sie irren! Die Verbandsstätte habe ich von Ihrer Majestät der Königin erbeten und erhalten, ebenso sind die Herren Ärzte auf mein Ersuchen gekommen, während die Etappe beides nicht veranlaßt hat. Was das Depot anbelangt, so hat dies mit der Militärbehörde nichts zu tun; freiwillige Liebesgaben haben den Centralverein in den Stand gesetzt, dergleichen große Depots der freiwilligen Pflege zu überlassen; ich betrachte dasselbe als ein mir anvertrautes Gut, das ich nach besten Kräften und gewissenhaften Ermessen für die Soldaten verwenden werde. Von Übergabe kann daher keine Rede sein!«

Der Herr Leutnant entgegnet: »Ich glaube nicht, daß man Ihnen persönlich das Depot übergeben hat, und wenn Sie es nicht freiwillig geben, wird man Sie zu zwingen wissen!« Er weiß nichts, weiß aber, wenn er droht, dann gehorchen sie ihm.

Aber nicht Lina Morgenstern! Sie schaut ihm durch Helm und Hirn: »Hoffentlich ist dies nicht die Sprache der Behörde, sondern die Ihrige.«

Sie nennt die Zumutung einen schönen Lohn für die bisherige Aufopferung und geht in die Verbandsstätte, wo sie als die »beiden Militärärzte zwei sehr junge Männer fand, welche die Not des Krieges frischweg von der Pépinière« (der 1795 gegründeten chirurgisch-medizinischen Bildungsanstalt) »geholt hatte«.

Sie erzählt den beiden den Vorfall mit dem Leutnant, erklärt, wie es zur großen Verbandsstätte kam: »Wir sind ein freiwillig arbeitendes Comité von Frauen und Männern, welches sich gern Ihren ärztlichen Anordnungen fügen wird, wenn diese in uns angemessener Weise ausgesprochen werden; unter ein militärisches Kommando jedoch kann sich die freiwillige Pflege nicht stellen, und ein Verbot, die Verbandsstätte zu betreten, erkennen wir nicht an.« Denn dann wären sie hier überflüssig.

Einige Stunden später erschienen mehrere Herren der Etappe beider Bahnhöfe und andere Vorsteher, ließen sich den Vorfall mit dem Leutnant erzählen und bestätigten, daß Frau Morgenstern zu Recht das ihr persönlich überantwortete Depot nicht auszuliefern hätte. Jener Leutnant sei bereits in eine andere Etappe (das Gebiet hinter der Front) versetzt worden ...

Die Königin veranlaßt, daß Delegierte die Verbindung zwischen der freiwilligen und der militärischen Pflege aufrechterhalten. Dennoch erwähnt Lina »Kabalen und Intrigen« der neuen Etappe, »unter denen wir furchtbar litten«, ohne sie im einzelnen zu schildern.

Das Centralcomité des Preußischen Vereins zur Pflege im Felde verwundeter und erkrankter Krieger bestätigt erfreut, daß Lina tätig bleibt, und überläßt ihr die Verwaltung des Depots und die Verteilung der Gegenstände.

Der Volksküchenverein beteiligt sich nicht mehr, jedoch einige Volksküchen und mehrere Damen helfen wie bisher. Lina und ihr Mann bleiben bis zum Kriegsende auf den Bahnhöfen: »Während eines ganzen Jahres kamen wir wohl kaum zwanzig Nächte nach Hause.«

Strasbourg kapituliert. 4000 französische Offiziere und rund 17000 französische Soldaten werden von der Bahnhofsküche verpflegt. »Jammervoll war der Anblick dieser armen Leute. Sie waren so verhungert und elend, daß sie mit Dank unser Essen entgegennahmen und ihre letzten Kleidungsstücke trotz der zunehmenden Kälte für ein Brot anboten, was ihnen unsererseits natürlich gratis geliefert wurde.« Seltsam mutet an, daß Lina betont, die Kriegsgefangenen hätten das Geschirr gereinigt und beim Bedienen geholfen.

Kuheuter.

— ◇ —

Kuheuter wird mit reichlich Wurzelwerk und
Salzwasser aufgesetzt und 8 Stunden gekocht.
Man kann 4 Stunden am Tage vorher und 4
Stunden am Tage des Gebrauchs fertig kochen. Sobald es gar ist, schneidet man es in
zollgroße Stücke unter ein Fricassee oder
man schneidet es in Scheiben, die man wie
Schnitzel paniert und als Beilage zum Gemüse gibt.

Gebackenes Kuheuter.

— ◇ —

Man kocht die Kuheuter wie oben, läßt sie erkalten, zerschneidet sie, bestreut sie mit Salz
und Pfeffer, beträufelt sie mit Zitronensaft,
füllt sie in Eierkuchenteig und läßt sie als
Beilage zu Gemüse backen oder gibt sie mit
einer pikanten Sauce.

Kartoffelbrei mit Buttermilch.

— ◇ —

Man kocht Kartoffeln in Salzwasser weich, gießt sie ab und verrührt sie, dann gießt man reichlich Buttermilch daran, ebenfalls einen Löffel frische Butter, verrührt dies gut über dem Feuer und gießt beim Anrichten gebräunte Butter darüber.

Feiner Schwarzbrotpudding.

— ◇ —

125 g Butter wird schaumig gerührt, allmählich 8 Eigelb, 125 g Zucker, feingestoßener Kaneel und Nelken, 4 Löffel Rosinen, 2 Löffel in kleine Würfel geschnittener Zitronat, 100 g feingestoßene Mandeln und 130 g feingeriebenes Schwarzbrot dazu gegeben. Nachdem alles gut miteinander vermengt ist, gibt man nach Belieben 1 bis 2 Löffel Rum hinein und verrührt zum Schluß die zu Schnee geschlagenen 8 Eiweiß dazu. Der Pudding wird 2 Stunden in einer Form gekocht und mit einer Weinschaum- oder Vanillensauce aufgegeben.

Ich erinnere, bald nach unserer Ankunft als deutsche Kriegsgefangene in Tennessee eine Tafel Blockschokolade und ein Paar Socken bekommen zu haben. Vom Argentinischen Roten Kreuz. Die Socken waren um etliche Nummern zu klein. Die Gabe ist unvergessen.

Das internationale Comité in Brüssel schickte für die Kriegsgefangenen Wein, Fleisch, warme Kleidung und Wäsche. Die wurden gewissenhaft verteilt.

Lina, durch Erfahrung belehrt, betont sogar noch 1900 im Rückblick: Den diese Kriegsgefangenen bewachenden »deutschen Truppen reichten wir selbstverständlich Erquickungen aus unserem Depot zuerst. Dennoch fand die Bosheit Mittel in Veröffentlichung schmähender Zeitungsartikel, daß wir die Franzosen bevorzugten. Wir mußten uns förmlich durch eine Gegenerklärung schützen, daß die Speisungen der Franzosen stets von Beamten des Kriegsministeriums beaufsichtigt würden, und nur auf Anordnung des letzteren geschehe es, daß wir den unglücklichen Kriegsgefangenen Wäsche und Erfrischungen reichten«, die stammten vom internationalen Comité.

Es ist nicht einfach, anderen Menschen zu helfen.

Die hilfreichen Damen, ältere und junge, lassen sich durch nichts abhalten, leisten Nachtwachen und hören, was die Königin Augusta am 1. Oktober 1870 an Frau Lina Morgenstern schreibt: Es ist Dank für ihre »Leistungen auf dem praktischen Gebiete der Humanität. Aus der segensreichen Tätigkeit der Volksküchen ist die Verpflegung auf den Bahnhöfen hervorgegangen, welche Sie mit großer Opferfreudigkeit leiten und dabei von den unermüdlichen Berliner Frauen erfolgreich unterstützt werden.«

Es ist an der Zeit, ein wenig mehr über diese Königin zu erfahren.

WER KENNT NOCH AUGUSTA?

Die Frauen der Könige und Kaiser werden selten genannt. Kaum würdigt man sie außer ihrer Mutterrolle für den Nachfolger.

Nach dieser deutschen Kaiserin sind heute in Berlin eine Allee, eine Brücke, eine Straße und eine Station der Untergrundbahn genannt. Immerhin. Augusta stammte aus Weimar. War musisch erzogen worden, komponierte auch und wurde siebzehnjährig mit dem 31jährigen Prinzen Wilhelm von Preußen vermählt, der wollte eigentlich eine andere, durfte sie aber nicht bekommen.

1831 gebar Augusta den Thronfolger Friedrich. Goethe, mit dem sie gelegentlich Briefe wechselte, gratulierte höfisch-herzlich. In Weimar war sie ihm einst als »ganz liebenswürdiges und originelles Geschöpf« aufgefallen.

Nach der Geburt von zwei Kindern und zwei Fehlgeburten trennte sich das Ehepaar vom Bett,

Kaiserin Augusta beim Spaziergang im Tiergarten

blieb aber bei Tische beisammen und öffentlich »wegen der Leute«.

1848 floh die Prinzessin von Preußen als Kammerfrau verkleidet aus dem Berliner Schloß; ihr Mann hatte sich als »Kartätschenprinz« unbeliebt gemacht, war bis nach London ausgerückt vorm Volk. Kehrte aber wieder, wurde 1850 Generalgouverneur in Koblenz und wartete bis 1858 auf die Machtübernahme als Regent, bis er sich und Augusta 1861 die Königskrone aufsetzen konnte.

Ein Ehepaar mit sehr unterschiedlichen Interessen und Ansichten. An der Seite eines einfältig-groben Militärs lebte Augusta einer Depression entgegen, fand aber Menschen wie Meyerbeer, Mendelssohn Bartholdy und weitere Künstler und Wissenschaftler. Beim Volk galt sie als kalt und gebieterisch, war kaum beliebt. Hingegen zog ihr Mann mit jedem gewonnenen Krieg mehr Popularität auf sich.

Ende 1881 wurde der Kaiserin in Koblenz ein 21jähriger Franzose vorgestellt, Jules Laforgue, der schon 1887 an der Schwindsucht starb, ihr Vorleser. Wir verdanken seinen Mitteilungen über Hof und Staat mancherlei, das die einheimischen Schreiber wegließen oder nicht bemerken mochten. Zum Beispiel: Auf dem Tisch des Kaisers liegen nur Broschüren militärischen Inhalts, »niemand hat den Kaiser je in einem Museum gesehen«. Er geht »niemals in ein Konzert«.

Die Kaiserin – »sie ist unerbittlich in Fragen der Etikette; sie verschmäht das Bier, sie verschmäht alles Einfache und alle Vertraulichkeiten, die den

Deutschen lieb und teuer sind; sie hat kein Gemüt; kurz, sie ist ›nicht von hier‹.«

Was beobachtet der junge Vorleser? »Der Kaiser und die Kaiserin leben in Berlin möglichst getrennt. Sie nehmen ihre Mahlzeiten getrennt ein, fahren getrennt spazieren«, nur in einem sind sie sich einig: Sie mögen Richard Wagners Opern nicht.

Bismarck, mit dem sich Wilhelm besser verstand als mit seiner Frau, wurde zum erfolgreichen Gegenspieler der Königin. Sie nannte ihn frivol und anmaßend »bei sonst unverkennbaren Talenten«. Schon als Königin meinte Augusta, in politischen Fragen mitreden zu müssen, nicht etwa zu dürfen. Es gelang ihr nicht.

Ihre eigentliche Aufgabe als Königin sah Augusta schließlich darin, sich um die Erbarmenswürdigen im Lande zu kümmern. So glich sie die durch die Kriege (1864, 1866, 1870/71) ihres Gemahls verursachte Not wenigstens teilweise durch wohltätiges Bemühen aus. 1866 gründete Augusta neu den »Vaterländischen Frauenverein«, der in ihrem Todesjahr (1890) in Deutschland 715 Zweigvereine umfaßte.

Augustas »ganz ungewöhnliche Verdienste auf karitativem und sozialpolitischem Gebiet« gaben der Führungsschicht in Preußen ein Beispiel dafür, daß die soziale Frage nicht »mit Almosen oder Parlamentsreden, sondern durch tätige Hilfe und eine von der Praxis geleitete Sozialpolitik« (Gerd Heinrich) gemildert oder beseitigt werden kann.

Wilhelm von Humboldt hatte die junge Augusta einst schon »hübsch, lebendig, geistvoll, eigentüm-

lich« genannt und beinahe prophetisch vorausbe-
fürchtet, es sei wirklich sehr schade, »wenn sie je
durch eine Heirat einen kleinen Wirkungskreis
erhielte«. Den bekam sie in Preußen, setzte aber
dem »Eisen-und-Blut-Kanzler« eine Tätigkeit entgegen, die ein Großer wie Virchow 1891 im Nachruf würdigen konnte: »Die Geschichte der Krankenpflege bewahrt die Erinnerung an patriotische
Frauen, die leuchtende Vorbilder waren in selbst-
loser Sorge für die leidende Menschheit; aber kein
Beispiel ist bekannt, daß eine so hochstehende
Frau in so umfassender und zugleich in so wissenschaftlicher Weise auf allen Gebieten der Krankenpflege tätig gewesen wäre.«

LINA ÜBER AUGUSTA

Wie Lina Morgenstern es vermochte, außerhalb ihrer geschilderten oder hier uner-
wähnt gebliebenen Tätigkeiten, ein dreibändiges
»Zeit- und Charaktergemälde« der »Frauen des
19. Jahrhunderts« zu verfassen, ist ebenso rätsel-
haft wie bewundernswert. Sie hatte sich seit 1866
mit dieser Aufgabe beschäftigt, wollte endlich
der »Geschlechtsvormundschaft« der Männer mit
Lebensbildern begegnen. Zeigte Frauen außer
ihrer Rolle als Gefährtin des Mannes und Mutter

und Erzieherin der Kinder als »ernste und energische Arbeiterin auf allen Gebieten«, welche das Gesamtwohl der Menschheit fördern«. Es sind rund fünfzig solcher Porträts. Kein Wunder, daß die Deutsche Kaiserin, Königin von Preußen, Prinzessin von Sachsen-Weimar ein ausführliches Kapitel bekommen hat.

Berlin, den 26. April 1889.

Augusta

Wen wundert das Loblied? Wer über Lebende schreibt, ist ein wenig befangen; und durch Sympathie – zuweilen durch Haß – voreingenommen. Läßt man den Schwulst jener Zeit beiseite, wissend um die Schmeichler und Bespeichler der Regierenden unserer Tage, bleibt mancherlei übrig, das zu wissen nicht schadet.

Der Winter 1870/71 war ungewöhnlich hart. Frankreich war besiegt. Immer mehr Kriegsgefangene trafen ein, »für deren massenhafte Überführung nicht immer die notwendige Anzahl Eisenbahnwagen vorhanden war... Als Königin Augusta hiervon in Kenntnis gesetzt wurde, schaffte sie sofort Abhilfe; wie sie überhaupt bestrebt war, treu der Genfer Conventionen, eine humane Behandlung der Kriegsgefangenen, namentlich der Kranken und Verwundeten zu veranlassen.« Fast täglich besuchte sie Lazarette.

Deutsche Kaisersuppe.

⬦

Man dämpft 2 Hühner, nimmt das Brustfleisch, hackt es fein, zerrührt es mit 1 Eiweiß zu Brei, streicht diesen durch ein Sieb und rührt nach und nach 2 Eßlöffel saure Sahne, 10 gestoßene Mandeln, Salz und Muskatnuß dazu. Dann macht man eine Probe und legt einen kleinen Kloß von der Farce in kochendes Wasser; ist die Farce zu fest, so gibt man noch ein wenig Rahm hinzu. 10 Minuten vor dem Anrichten streicht man die Farce (Füllung) 6 cm dick auf ein mit Butter bestrichenes Blech, bedeckt sie mit einem Butterpapier, stellt es in einen mäßig warmen Ofen und läßt die Farce nur stokken, 3 Minuten genügen. Hierauf sticht man 3–4 cm große runde Klößchen davon aus, legt sie in die Terrine, und gießt eine kräftige Hühnerbrühe darüber.

Von der Reichsbildung und daß sie Kaiserin geworden war, erfuhr die Königin Augusta eher beiläufig. Sie war kaum unterrichtet worden. Erst als Wilhelm I. als Reichsoberhaupt nach Berlin zurückgekehrt war, ließ sie sich als Kaiserin anreden und schrieb ihrem Bruder: »Meiner Ansicht nach ist es wünschenswert, daß der neue Titel sich nur auf den Herrscher beschränkt, nicht auf seine Familie. Je mehr dies der Fall ist, umso günstiger für Deutschlands Würde, wie für die Wirksamkeit der Bundesregierung.« Darauf hörte niemand.

Auf dem Monumentalbild, die deutsche Kaiserkrönung in Versailles zeigend, sucht unsereiner vergeblich neben dem neuen Kaiser seine Kaiserin. Ihrer Königskrönung hatten sie gemeinsam beigewohnt. Zur Kaiserproklamation war Augusta erst gar nicht eingeladen worden. Hatte Bismarck dafür gesorgt? So steht im Mittelpunkt des fortan deutschen Schulkindern präsentierten Gemäldes in weißer Uniform ein Beleibter; der Kanzler, der damals Bismarck hieß.

Kaiserschnitzel.

◇

500 g Fleisch aus der Keule schneidet man in fingerdicke Scheiben, salzt und klopft sie und läßt sie zugedeckt über raschem Feuer in Butter auf beiden Seiten goldgelb braten, gießt saure Sahne zu, schöpft das Fett ab, läßt sie sich bräunen, gibt nochmals Sahne dazu, dreht dabei die Schnitzel öfter um, damit sie gleichmäßig mürbe werden. Mit Kapern bestreut und mit der Sauce begossen, gibt man sie auf.

Kein Bismarck-Hering in Lina Morgensterns Kochbuch...

Ungeachtet aller neuer Formalitäten kam Augusta im Februar 1871 zur Eröffnung einer Volksküche. Die hatte der Verein im Asyl für obdachlose Frauen eingerichtet, versuchsweise.

Bei diesem Anlaß gab sie der ihr bekannten Vorsteherin ein kleines Elfenbein-Portemonnaie mit den Worten: »Verwenden Sie den Inhalt für die Krankenkasse und zur Armenspeisung, und schicken Sie es gelegentlich zurück!«

Das mußte Lina nicht zweimal gesagt werden. Anderntags gab sie es mit einem Vers zum Schloß:

>»Du kleines Portemonnaie
>Begleit auf ihren Wegen
>Die königliche Fee
>Recht oft zu aller Armen Segen«

Daraus entwickelte sich eine Gewohnheit. Jedesmal, wenn die Kaiserin die Volksküchen besuchte, ließ sie beim Abschied diese Geldbörse zurück: »Nehmen Sie den alten Freund!«

Der Inhalt war sorgfältig verpackt: 90 Mark für die Krankenkasse des Dienstpersonals, 60 Mark zur Speisung Armer und 30 Mark für die Dienstboten der besuchten Küche.

Fast immer legte Lina dankend einen Vers hinein; und da die Kaiserin die Zettel stecken ließ, gab es »bald eine ganze Sammlung Volksküchendichtung«.

Linas treuherzige Verse werden die Goethe-Leserin kaum berührt haben, aber doch für den guten Zweck bewegt.

Deutsche Kaiserinnensuppe.

―――――― ◇ ――――――

Man verfährt wie bei der Königinsuppe, nur daß man die gerösteten Semmelschnitten, nachdem sie in fette Brühe getaucht sind, gleich mit dem Hühnerfleisch zerstößt, beides durch ein feines Sieb streicht und dieses Püree in die Suppe gibt, die man dann fast bis zum Kochen heiß werden läßt. Vor dem Anrichten wird die Suppe mit einer aus geschälten, gestoßenen und mit heißem Rahm vermischten Mandeln bereiteten Mandelmilch gebunden, und über vorher abgekochte Geflügelklößchen zu Tisch gegeben.

LINAS LOSUNGEN

Schon zu Beginn ihrer Volksküchen hatte die sich dichtend begabt fühlende Lina Morgenstern an den Wänden Sprüche anbringen lassen.

– Willst du der Vernunft dein Ohr verstopfen,
Wird sie dich auf die Finger klopfen.

– Die Arbeit macht gesund und frisch,
Sie würzt das Leben und den Tisch.

– Wir geben hier nicht Bier und Wein,
Noch Süßigkeit und Leckerein;
Doch unsre Kost gibt Mut und Kraft
Dem, der mit Fleiß die Arbeit schafft.

Zu Lina Morgensterns Zeiten sah das Problem des
Arbeitenwollens, Arbeitendürfens etwas anders
aus als gegen Ende des 20. Jahrhunderts. Sie gab
sich redlich Mühe, wollte den einen helfen, die
anderen bessern, dritte trösten:
– Der Eine arm, der Andere reich;
Vor Gott sind alle Menschen gleich.

Das hätte dem alten Karl Marx, der damals noch
lebte und schrieb, nicht gefallen. Doch er unterhielt keine Volksküche. Daher ist nicht überliefert,
was er dort als Menetekel an die Wand hätte
schreiben lassen. Etwa: »Proletarier aller Länder,
vereinigt euch!« Aber wie machen wir das? würden die Löffelnden fragen.

Bei Lina stand:
– Geduld, Geduld die beste Waffe,
Geht's in der Welt auch kreuz und quer.

Und dann:
– Durch die Arbeit regiert man.

Wo sie recht hat, hat sie recht. Und wir wollen
diese brave Frau nicht nachträglich verspotten.
Durch lesbares Zureden beim Essen versuchte sie,
denen im Dunkeln der Gesellschaft Lebensmut zu
machen.

Brühbohnen.

————— ◇ —————

Zutaten: Auf 100 l 30 kg Bohnen
(13 ¹/₂ kg Rindfleisch), 2 l Zwiebeln,
1 kg Fett, 1 kg Mehl, 1 kg Salz, Thymian nach
Geschmack

Man blanchiert die Bohnen halb weich in
Wasser, gießt dies ab, kocht sie in Fleischbrühe weich und bindet sie mit der mit Zwiebeln gewürzten Mehlschwitze. Thymian und
Pfeffer kommt zuletzt daran.

Gegen den letzten ihrer fünfzig Sprüche ist
nichts einzuwenden:

– Glücklich ist, wer glücklich macht im Leben.

Glücklich machte die Königin im Dezember 1870
in Deutschland 300 Damen. Sie stiftete die Goldene Augusta-Medaille mit dem Roten Kreuz. Auf
Linas Bahnhofs-Comité entfielen sechs Auszeichnungen. Darüber freuen sich die einen, andere, die
sich »gleichberechtigt zu einer Auszeichnung fühlten«, aber keine erhielten, wurden »mit Bitterkeit
erfüllt«. Wer kennt das nicht? Lina: »Die Mißstim-
mung fiel stets auf mich zurück.« Zumal sie eine
Medaille bekommen hatte.

DER KRIEGSWINTER 1870/71

Er war ungewöhnlich hart. Für die vom Tod des Vaters oder Sohnes betroffenen Familien – traurige Weihnachten. Lina vergaß bei ihrem Bericht nicht die Tränen. Auch auf dem Bahnhof wurde die Lage kritisch:

»Nacht und Tag im offenen Güterschuppen, ohne eine andere Lagerstätte als eine auf der Erde liegende Matratze in dem einzigen, kleinen, verschließbaren Raum.« Die Etappe, da nennt Lina Namen – Major v. Dewitz, Leutnant Meumann und der Verpflegungsbeamte Stephan –, verweigert den Frauen einen Ofen. Sie hatten neulich dem Militär nicht gehorcht und sich beschwert...

Schlimmer erging es den verwundeten Deutschen, »und am unglücklichsten den französischen Gefangenen, welche bei 20 Grad Kälte – an die sie nie gewohnt waren – in der ersten Zeit in offenen Kohlenwagen ankamen, mit erfrorenen Gliedern, in kaum ihre Blöße bedeckenden Kleidern. Es war kein Wunder, daß unter ihnen die Ruhr, der Typhus und allerlei andere Krankheiten herrschten, und wir selbst wurden dadurch den größten Gefahren ausgesetzt.«

Lina Morgenstern erinnert sich, daß sie einem sehr krank Aussehenden etwas zu trinken gab und einen anderen fragte, was jenem fehlte. Antwort: »Er hat die schwarzen Pocken!«

»Es war ein Glück, daß ich mich vor nichts scheute und ganz furchtlos vor Ansteckung bin, sonst hätte der Schreck mich krankmachen können.« Schlimmer ging es ihrem Mann, der an Typhus erkrankte.

Jedoch vorher hatte er noch an die Königin Augusta geschrieben und um »Allerhöchsten Einfluß« gebeten, daß die Kriegsgefangenen »bei der eisigen Kälte nicht mehr in offenen Kohlenwagen fahren dürften«.

Darum mußte ein Zivilist bei Hofe bitten? »Von da ab wurde Befehl gegeben, sie nur in Güterwagen zu expedieren.« Dieser Vorzug wurde über siebzig Jahre später den deutschen Juden bei der Deportation gewährt.

Mancher vielsagende Satz in Lina Morgensterns Erinnerungen an diese Zeit. Wenn »irgendeine Ungerechtigkeit« vorgekommen war, die durch das »Verhalten der Beamten« das Vaterland oder seine Regierung »in Mißcredit« bringen konnte, schrieb sie an die zuständigen Behörden. Das verbesserte zwar »keineswegs das Verhältnis zu der uns vorgesetzten Etappe« – wie sich bis heute denken läßt –, »aber wir hatten die Freude, fast immer Abhilfe geschafft zu sehen«. Mit der Kaiserin im Rücken.

Dann folgen Goldene Worte.

»Was helfen alle Vereine zum Roten Kreuz, was nützt die Genfer Konvention, wenn einzelne Beamte sich ungestraft willkürliche Übergriffe erlauben und die freiwillige Hilfe hemmen dürfen!«

Die Kaiserin Augusta schaffte Abhilfe, zumindest während des Krieges, so oft sie von Fällen hörte, welche Eingriffe von oben nötig machten.

Paris hatte kapituliert. Der Waffenstillstand brachte den Damen auf den Bahnhöfen kaum eine Pause. Außer Verwundeten kamen bataillonsweise deutsche Besatzungsmannschaften für die französischen Festungen durch Berlin.

Ein Bataillon aus Ostpreußen, das künftig in Metz stationiert werden sollte, hielt mit den Familien der Soldaten in Berlin. Mit Speisen und Getränken versorgt, hatte das Bataillon von Linas Damen »Jacken und Strümpfe« bekommen. War das notwendig? Hatten sie keine?

Vor der Weiterreise bat der Bataillonsführer, ein Major, Lina, »daß wir uns der Frauen und Kinder annehmen möchten, welche in der Kälte die weite Reise ohne jegliche Lagerstätte in den Güterwagen mitmachten«. So schicken die Sieger ihr Fußvolk los.

»Wir überzeugten uns von dem armseligen Zustand, in dem sie sich befanden, ließen den Wagen mit Matratzen auslegen und gaben den Frauen und Kindern, was wir an warmen Kleidungsstücken und wollenen Decken hatten.«

Doch bald scheint die »Friedenssonne«. Und nach so vielen Jahren meint Lina Morgenstern, vom Patriotismus übermannt, »daß all die Tausende Gefallene und Verkrüppelte nicht vergebens hingeopfert waren«. Deutscher kann sie wohl kaum fühlen und sein.

Aber Lina Morgenstern hatte den Krieg aus nächster Nähe im Anblick Verwundeter, in seiner ganzen Entsetzlichkeit miterlebt. Zwar blieb sie die unbeirrte deutsche Patriotin, für »ein geeinigtes Deutschland – und Frieden«, doch dann kommt sie zur Besinnung, lehnt den Jubel ab, denkt an die Toten. Es ist ein Gedicht, das sie 1895 zum 25. Jahrestag des Sieges von Sedan verfaßte. Dort steht:

Fern bleibe der Krieg uns! Wer einst ihn erlebt,
Der betet: Nie kehre er wieder!
Die Wunden zu lindern ist edel und gut,
Doch edler: »Die Waffen senkt nieder!«
Denn kommt erst mit Eisen, Feuer und Blut
Der Krieg, der entfesselt der Kämpfenden Mut, –
Dann werden Millionen vernichtet,
Und rohe Gewalt ist's, die richtet!

Ihren Bismarck (Eisen und Blut) zitiert sie anzüglich, ebenso »Die Waffen nieder«, denn Bertha von Suttners Buch hat sie gelesen.

Zur Heimkehr der Sieger von 1870/71 nehmen wir eine französische Stimme.

Bernard Denvir: »Es war der erste moderne Krieg, in dem sich ganze Nationen gegenüberstanden, die durch die allgemeine Wehrpflicht gebunden und mit Waffen ausgerüstet waren, die mit neuen, industriell gefertigten Tötungsmaschinen von bisher unbekannter Effektivität ausgerüstet waren. Den Sieg errang die Seite, welche die bisher ungenutzte Möglichkeit des Eisenbahntransports am effizientesten zu verwenden verstand. Die Tatsache, daß die Deutschen den Transport im Griff hatten, war in erster Linie für das Ergebnis verantwortlich. Der Sieg kam nach weniger als acht Monaten Kampf.«

Am 15. Juli 1871 werden die Erfrischungscomités aufgelöst. Was noch im Depot vorhanden ist, bekommt der Centralverein zurück. Und Lina Morgenstern, nicht ohne der Kaiserin zu danken und die freiwilligen Helferinnen namentlich zu erwähnen, rechnet ab:

Vom 22. Juli 1870 bis 15. Juli 1871
wurden auf beiden Bahnhöfen bewirtet und verpflegt

Deutsche	266 000 Mann
Französische Kriegsgefangene	70 000 Mann
Davon erhielten staatl. Verpflegung	227 000 Mann
Gratis vom Volksküchenverein	
in den ersten zwei Monaten	20 000 Mann
Durch Beihilfe des Centralvereins	23 400 Mann
Durch freiwillige Beiträge	29 600 Mann
Gratis, auf Kosten von	
Theodor Morgenstern	30 000 Mann

Und so weiter. Die Wache – 25 bis 30 Mann – wurde zehn Monate lang verpflegt. Bis zur Übernahme durch die Militärärzte wurden 6 000 Kranke und Verwundete verpflegt und verbunden, danach war keine Statistik mehr möglich.

Jeder Soldat erhielt an Liebesgaben: 1 Stück Brot, 1 Zigarre, 1 Glas Bier oder Schnaps; auf dem Hinweg Verbandszeug und Fußlappen, auf dem Rückweg Kleidungs- oder Wäschestücke. Außer den genannten Artikeln bekamen Kranke und Verwundete Wein, Fleischextrakt, Fruchtsäfte, Tee, Backobst, Filzschuhe, Handschuhe und insgesamt 4 800 Mark in bar.

VIER FEINDLICHE MÄCHTE

Lina Morgenstern nennt wörtlich als »feindliche Mächte«, welche seit 1872 dem »ruhigen Fortgang« der Volksküchen und allem Handel und Wandel gegenübertraten: andauernde Teuerung; Steigerung der Preise, der Löhne und Mieten, und die allgemeine Wohnungsnot. Das klingt nicht wie Geschichte aus alten Tagen.

Zwei Volksküchen mußten schließen, »weil sie nach unmäßiger Mietssteigerung gekündigt« waren. Das bedeutete Anmietung von Lagerräumen für das Inventar der beiden »obdachlosen Küchen«. Wegen Mietssteigerung wurden fünf Volksküchen in andere Lokale verlegt.

Fleisch und Kartoffeln wurden teurer, die Löhne der Handwerker und das Arbeitsmaterial stiegen um 25 Prozent. »Da alle Bedürfnisse teurer wurden, mußte man auch die Gehälter des Personals erhöhen.« Das führte aus Gründen der Selbsterhaltung zu neuen Portionspreisen.

In diesen Jahren der Teuerung wurden die Volksküchen zu einem dringenden Bedürfnis: Bis Ende 1872 wurden über zwei Millionen Portionen verkauft.

Im Oktober 1872 hält Lina Morgenstern in Darmstadt auf dem Verbandstag deutscher Frauenbildungs- und Erwerbsvereine einen Vortrag darüber, wie man Volksküchen organisiert. Das führte zu neuen Gründungsabsichten in Darmstadt, Karlsruhe, Heidelberg. Antwerpen, Zittau und Minden fragten nach Details. Auf Veranlassung eines deutschen Militärbeamten gründete in Nancy ein französisches Damencomité eine Volksküche nach Linas Muster.

Damenkaffee.

◇

Kaffee und Chokolade mit Schlagsahne, dazu feinen Kaffee- und Spritzkuchen, Süster usw. – Kalte Cremes und Geleespeisen mit süßem Wein, belegtes Butterbrötchen. – Obstkuchen mit Rheinwein oder Eis, dann Obst.

Damentee.

◇

Tee mit Schlagsahne und Rum, Teekuchen und Wiener Butterbrötchen (12 dünne Scheiben übereinander in dünne Blätter geschnitten). Russische Brötchen mit Kaviar, Lachs, Sardellen, Sardellenbutter, Wurst, Fleisch, Käse, Nesselrode oder Eisspeise, Torte, Bowle, Früchte mit Konfekt, oder Südfrüchte.

DER NÄCHSTE VEREIN

Über zweieinhalb Millionen Portionen Essen waren 1873 verkauft worden, dennoch gaben die anhaltend steigenden Ausgaben zu Befürchtungen Anlaß, denen Lina Morgenstern in einem Vortrag begegnete, den sie im Berliner Rathaus hielt, als sich der Volksküchen-Verein zu seiner Herbstversammlung traf.

Lina fragte: Was vermögen die vereinigten Hausfrauen gegen die andauernde und willkürliche Steigerung der Preise für Lebensmittel zu tun?

Später berichtet sie über die zahlreich besuchte Versammlung, zu der »in sehr großer Anzahl« Sozialdemokraten erschienen waren, aber draußen, vor dem Rathaus, und drohten, »weil ich über die hohen Arbeitslöhne gesprochen und sie mit den Honoraren für geistige Arbeit verglichen hatte«. Das ergibt kaum Sinn. Jedenfalls fühlten sich die Anwesenden sofort angeregt »zu gemeinsamem Vorgehen gegen die willkürliche Verteuerung während der Gründerzeit« – so ging aus dieser Versammlung der »Berliner Hausfrauen-Verein« hervor.

Lieferanten traten ihm bei. Es gab unentgeltliche Stellen- und Arbeitsvermittlung. Ein Labor untersuchte Nahrungsmittel, 1878 wurde in der Breiten Straße Nr. 6 eine Kochschule eingerichtet, dazu gab es eine Rechtsschutzstelle.

Ferner wurde die »Deutsche Hausfrauen-Zeitung« gegründet, von der wir noch hören werden.

Was die Volksküchen betraf, litten sie unter mancherlei. Wer mehr Lohn bekam, vermied den Besuch dieser Lokale, vor denen die »Socialdemokraten als einem bürgerlichen Versöhnungsmittel« warnten. Als die Krise kam, verließen viele Tausende Arbeiter mit ihren Familien Berlin.

Dazu die hohen Mieten. Beispiel die 1. Küche, die ihr Lokal behielt:

1866–1869:	498,– Mark Miete
1869–1872:	600,– Mark Miete
1872–1874:	1 200,– Mark Miete
1874–1875:	1 350,– Mark Miete

Als die Volksküche ihr Lokal wechselte, zahlte sie

1875–1877	1 800,– Mark Miete
und danach	3 000,– Mark Miete

»HERRLICHE MORCHELN«

Kaiserin Augusta übernahm 1877, endlich, das Protektorat über den Verein. Das bedeutete Schutz! Und Förderung!

Da gibt es eine Anekdote.

Backpflaumen gehörten zu den Grundnahrungsmitteln in den Volksküchen.

Backpflaumen.

◇

Damit die Pflaumen recht süß werden, läßt man sie so lange auf dem Baume, bis die Haut am Stiele runzelig wird. Sind sie gepflückt oder geschüttelt, so legt man sie neben, nicht übereinander, auf die Horden und schiebt diese in den Ofen, dessen Hitze nicht so stark sein darf, daß die Pflaumen kochen und der Saft ausläuft. Noch besser ist allerdings, wenn der Ofen so eingerichtet ist, daß man durch geregelte Feuerung eine gleichmäßige Hitze, womöglich auch die Nacht hindurch, erhalten kann, dann würden die Pflaumen in etwa 3 Tagen vollständig gebacken sein. Man muß dabei täglich mehrere Male die schon angetrockneten Pflaumen aussuchen und auf einer anderen Horde zusammenlegen, um sie bei geringerer Hitze vollends zu trocknen. Um sich davon zu überzeugen, daß die Pflaumen hinreichend trocken sind, muß man sie erkalten lassen. Nach dem Trocknen läßt man sie noch 14 Tage auf Tüchern ausgebreitet an einem luftigen Orte nachtrocknen, um sie dann in Säcken aufzubewahren.

Für ihre Volksküchen hat Lina Morgenstern Rezepte mit Backpflaumen entwickelt:

VOLKSKÜCHE

Weiße Bohnen mit getrockneten Pflaumen.

◇

Zutaten auf 100 l 20 kg Bohnen, 9 kg Rind-, 2 1/2 kg Schweinefleisch, 13 kg Backpflaumen, 1 1/2 kg Zucker, 1 1/2 kg Fett, Zimt und Nelken nach Geschmack, 1 kg Salz, 750 g Mehl, 50 g Fleischextrakt.

Nachdem die Bohnen in Wasser weich gekocht sind, nimmt man gut gereinigte Backpflaumen, dämpft sie mit etwas Wasser, Zucker, Zimt und Nelken weich, zerläßt in einer Kasserolle ca. 120–125 g Butter oder Speck, schwitzt 1 Löffel voll Mehl darin gelb, gießt etwas Fleischbrühe oder von dem Wasser, in dem die Pflaumen gekocht werden, hinzu, läßt dies eine Weile verkochen, tut hierauf die Bohnen und die Pflaumen untereinandergemischt in die Kasserolle und läßt sie zusammen noch 1/2–3/4 Stunden dämpfen. Auf dieselbe Weise kann man auch die Bohnen mit gedämpften Birnen und Äpfeln vermischen.

Graupen mit Backpflaumen und Rindfleisch.

◇

Alle Zutaten wie bei den weißen Bohnen, nur keine Zwiebeln und 2 1/2 kg Graupen weniger als das vorherige Quantum. Dazu 13 kg Pflaumen und 1 1/2 kg Zucker.

Die groben Graupen werden wie oben mit Fleischbrühe weich gekocht, die sauber gewaschenen Pflaumen mit Zucker und Zimt und einigen Nelken in Wasser gekocht, zu den Graupen gemischt und nochmals aufgekocht.

Jedenfalls kommt die Kaiserin Augusta in eine Berliner Volksküche, zuweilen unangemeldet, was für sie spricht. Man kann ihr nichts vormachen. Sie kostet das Essen, besichtigt die Küche, schaut in der Vorratskammer in die Regale, hier hinein und dort, blickt in einen Sack und befindet: »Ah, herrliche Morcheln!«

Es waren aber Backpflaumen.

Und selbstverständlich wagt niemand, die Hohe Frau zu berichtigen. Vermutlich hätte Augusta, die sich auf hausfrauliche Kenntnisse zu berufen wußte, an den verwendeten Backpflaumen nichts auszusetzen gehabt.

Was aber die Morcheln angeht...

Gedämpfte Morcheln.

— ◇ —

Die Morcheln muß man sehr sorgfältig put-
zen, indem man den Stiel unten abschneidet,
sie mehrmals waschen, weil sie immer auf
sandigem Boden wachsen. Man brüht sie mit
reichlich heißem Wasser, nimmt sie mit dem
Schaumlöffel heraus, legt sie auf ein Sieb,
welches man in kaltes Wasser stellt, die Morcheln noch einmal mit den Händen gehörig
wäscht, worauf man das Erhitzen in reinem
Wasser und das Abspülen in kaltem wiederholt, bis das Wasser rein ist. So reinigt man
alle Morcheln, ehe man sie verwendet. Man
zerläßt in einer Kasserolle 125 g Butter,
schwenkt die Morcheln darin, deckt sie zu,
dämpft sie $^1/_2$ Stunde bei mäßigem Feuer,
stäubt etwas Mehl an, gießt kräftige Fleischbrühe daran und läßt sie weich dünsten.

Gedämpfte Morcheln mit Ei legiert.

— ◇ —

Die Bereitung ist wie die soeben beschrie-
bene, nur legiert man die Fleischbrühe mit 2
Eidottern, schärft sie mit etwas Zitronensaft,
fügt zuletzt etwas gehackte Petersilie und gestoßenen Pfeffer zu und läßt sie weich dünsten.

Morchelhaschee.

Die Morcheln werden gereinigt, gut ausgeputzt und grob gehackt. Dann tut man sie mit einem Stück Butter, Salz und gestoßenem weißen Pfeffer in eine Kasserolle, läßt sie kurz eindämpfen, vermischt einige Löffel weiße Sauce, etwas gehackte Petersilie und Schnittlauch damit und zieht sie mit einigen Eigelben ab.

Morcheln mit Spargel.

Frische oder getrocknete Morcheln, die man hierzu gut verwenden kann, werden gewaschen, mit Butter und etwas Zwiebel aufgesetzt, mit Salz bestreut und im eigenen Saft weich gedämpft (bei getrockneten fügt man Fleischbrühe dazu). Zuletzt hackt man etwas Petersilie fein, fügt diese und eine Messerspitze Mehl, Pfeffer und wenig Fleischbrühe dazu. 500 g Spargel hat man geputzt, geschnitten, in Salzwasser weich gekocht. Indessen wurden Krebse gekocht, aus den Schalen gebrochen, diese zu Krebsbutter verarbeitet. Die Nasen füllt man und kocht sie. Beim Anrichten gibt man den Spargel in die Mitte einer Schüssel, die Morcheln, deren Sauce man zuletzt noch mit 2 Eidottern legierte, um den Spargel herum, garniert die Schüssel mit den Krebsscheren, -Schwänzen und -Nasen und beträufelt das Ganze mit Krebsbutter.

Morchelsuppe.

$\diamond$

Frische oder getrocknete Morcheln, die gehörig gereinigt und in Stücke geschnitten sein müssen (d. h. die sandigen Teile abgeschnitten, und in kaltem Wasser gut gewaschen), werden, ungefähr 1 Teller voll, in 125 g zerlassener Butter gedünstet und mit gehackter Petersilie vermischt; dann gießt man $2\,^1/_2$–3 l kräftige Fleischbrühe hinzu, läßt darin die Morcheln völlig weich dünsten, legiert die Suppe mit 3–4 Eidottern und richtet sie über geröstete Semmelschnitten an.

Morchelsauce.

$\diamond$

Man muß die Morcheln sehr gut reinigen und von allem Sand befreien, dann hackt man sie grob, dünstet sie mit Butter weich, würzt sie mit weißem Pfeffer, Salz und nach Belieben mit gehackter Petersilie, gibt sie in eine braune Mehlschwitze mit Fleischbrühe, schärft sie mit Zitronensaft und gehackter Petersilie.

Praktische
Studien über Hauswirthschaft

für

Frauen und Jungfrauen

von

Lina Morgenstern,

Herausgeberin der „Hausfrauenzeitung", Verfasserin des „Paradieses der
Kindheit," der „Plauderstunden" zc.

Leipzig.

Ferdinand Hirt & Sohn.

1875.

Nach einer Photographie

Stich u. Druck v. A. Weger, Leipzig.

EHRUNGEN UND MEHR

Auf der Berliner Kochkunst-Ausstellung bekam der Verein 1877 die Silberne Medaille. Täglich hatte er aus zwölf Volksküchen Speisen eingeschickt und verabreicht, die als »wohlschmeckendste, einfachste und billigste Volksnahrung anerkannt« wurden.

Weitere Auszeichnungen folgten.

Über Ausgaben und Einnahmen, Jubeltage und Zuwendungen aller Art berichtet Lina Morgenstern getreu. Notstandsküchen werden im Winter 1880 eingerichtet: »Die große Arbeitsnot und beispiellose Kälte hatte in Berlin einen gefahrdrohenden Notstand hervorgerufen.«

Außer der ärmsten Gegend um die Müllerstraße, wo mancher sich kein Mittagsmahl mehr kaufen konnte, war die Ackerstraße gleichermaßen bedürftig geworden. Hatte nicht 1843 eine Bettina von Arnim das Elend dieser Umgebung, Gartenstraße, anschaulich geschildert in dem Buch für ihren König? Das war zu lange her und vergessen.

In der Ackerstraße Nummer 133 eröffnete die 13. Volksküche am 9. November 1880 – dieser Tag ist in der deutschen Geschichte auch damit besetzt – in einem Haus mit sechs Höfen, »in welchem über 200 arme Familien wohnten«.

Es sind die Meyer'schen Familienhäuser, die seit 1875 bezogen werden konnten. Der Textil-Fabrikbesitzer Jacques (Jacob) Meyer, gestorben

1893, hatte in Berlin eine Stoffabrik gegründet und war vom Oberbürgermeister Krausnick wegen seiner Verdienste um die industrielle Entwicklung der Stadt und seiner vielfältigen gemeinnützigen Leistungen 1859 zum Commerzienrat vorgeschlagen worden. Wurde es jedoch nicht (jüdische Herkunft?), bekam wenigstens einen Orden.

Die vom Architekten Adolf Witting (1849–1912), der in jungen Jahren den Auftrag für die Meyer-Häuser bekam, erbauten Häuser, nach ihren ungewohnt vielen Höfen benannt, hatten damals manche hygienische Einrichtung, die den Möglichkeiten der Zeit entsprach. Julius Rodenberg, der Berliner Spaziergänger, lobte 1884 das Zusammenleben; erwähnte Werkstätten, mit Grünkram und Obst handelnde Frauen, fröhlich spielende Kinder und die Badeanstalt im letzten Hof. Als sich mit den Jahrzehnten die gute alte Zeit verschlimmerte, wurden diese Höfe das scheußliche Beispiel für Mietskasernen und unsoziale Zustände, wofür der Erbauer nichts konnte. »Meyers Höfe« blieben auch nach ihrem Abriß zur Neubebauung (1973) nicht in der städtischen Erinnerung, die sie als Neubauten von einst verdienen. Einzelheiten sind nachzulesen in der grandiosen dreibändigen Darstellung »Das Berliner Mietshaus« von Geist/Kürvers.

Zur Einweihung war die Kaiserin Augusta gekommen. Bei solchen Gelegenheiten und bei angekündigten Besuchen hoher Gäste, Lina betont es ausdrücklich, »wurden keine anderen Zutaten zu den Tagesspeisen genommen« als die in Volksküchen üblichen, den Rezepturen entsprechenden.

Es war unvorteilhaft, daß diese Volksküche im 3. Hof eingerichtet wurde. Passanten fanden sie nicht, es gab wohl kein deutliches Hinweisschild. Nach einiger Zeit wurde diese Volksküche in die Belle-Alliance-Straße (heute Mehringdamm) Nr. 104 verlegt. Für Esser aus der Ackerstraßengegend ein recht weiter Weg...

EINE FRAUENKÜCHE

Mag solcher Name verwundern zu einer Zeit, in der es Frauenhäuser gibt, geben muß wegen männlicher Brutalitäten. Die Frauenküche, besser Frauen-Speiseanstalt genannt, wurde in der Kronenstraße 12/13 eingerichtet. Es hatte einen Antrag an den Vorstand gegeben. Viele Frauen und Mädchen aus Läden, Geschäften und Ateliers konnten die anderen Volksküchen nicht aufsuchen, wollten aber nur zu gern warmes, gutes und möglichst billiges Essen einnehmen.

Bis zu 250 kamen täglich. Zumeist Lehrerinnen, Künstlerinnen, Geschäftshilfen, auch Beamtinnen und alleinstehende Frauen, die »im eigenen Haushalt sich eine so kräftige, ausreichende Kost nicht so billig und gut herstellen könnten«, während die von ihrer Wohnung entfernt tätigen jungen Mädchen meist den ganzen Arbeitstag ohne warmes Essen zubrachten.

Gesundheit und Arbeitskraft
beruhen auf guter Ernährung.

Kartoffelsuppe.

---◇---

10–12 große Kartoffeln werden geschält, in Stücke geschnitten und weich gekocht, dann das Wasser abgegossen und die Kartoffeln zu Brei gerührt, mit Stück Butter, Milch und etwas Salz vermischt, mit siedendem Wasser, in welchem vorher 1 Zwiebel, Wurzelwerk und Sellerie 1 Stunde lang gekocht hat, $^{1}/_{4}$ Stunde unter mehrmaligem Umrühren langsam verkocht und mit 2 Eidottern legiert; fein gehackte Petersilie oder Schnittlauch wird hineingegeben.

Kartoffelsuppe, französisch.

---◇---

Man kocht 2 l Fleischbrühe, bindet sie mit 60 g Butter, 1 Löffel Mehl, etwas fein gehackter Petersilie und 2 Eidottern. Vorher werden Kartoffelklößchen hergestellt, und zwar folgender Art: 6–8 abgekochte, zu Brei verrührte Kartoffeln, 60 g Butter, 1 Ei, einige Löffel Rahm, Salz, Muskatnuß und 1 Löffel geriebener Parmesankäse werden vermischt, zu Klößchen geformt, und diese dann in die kochende Suppe gegeben.

Essigschmorbraten (Sauerbraten).

◇

Das Mittelschwanzstück wird von den Sehnen und Knochen befreit, mit gewürzten Speckfäden durchzogen, dann in einen hinreichend großen irdenen Napf gelegt, Zwiebeln, Thymian, Basilikum, Lorbeerblätter und Gewürz dazu getan und etwas Essig darüber gegossen, daß das Fleisch damit bedeckt ist. In dieser Marinade läßt man es 4 Tage liegen, doch muß man es täglich einmal umwenden. Nach Verlauf dieser Zeit tut man das Fleisch in eine Kasserolle in zerlassene Butter oder Rindsfett, fügt das nötige Salz, Wurzelwerk und die Marinade hinzu, läßt das Fleisch gut zugedeckt unter öfterem Begießen langsam gar kochen, nimmt es dann heraus, gießt den Fond durch ein Sieb, entfettet ihn und gibt ihn, durch etwas geriebenes Schwarzbrot seimig gemacht, als Sauce zu dem in Querscheiben zerlegten Fleisch. Dazu paßt am besten Kartoffelpüree.

Berliner Kaffeekuchen.

◇

Die Masse besteht aus 1 kg Mehl, 250 g Butter,
250 g Zucker, 35 g fein gestoßenen bitteren
Mandeln, 8 ganzen Eiern, 25 g Hefe,
abgeriebener Zitronenschale, Salz,
Muskatblüte und 3/4 l Wasser oder Milch.

Nachdem man den vierten Teil des Mehles
mit der Hefe und etwas lauwarmem Wasser
zu einem Hefenstück angestellt hat, knetet
man das übrige Mehl mit 250 g Butter und
den anderen Zutaten zu einem festen Teig,
mischt das Hefenstück und nach und nach
die übrige Butter dazu, schlägt den Teig ein
paarmal wie bei Blätterteig, rollt ihn auf einem Bleche recht dünn aus und läßt ihn aufgehen. Dann bestreicht man ihn dick mit ge-
klärter Butter, bestreut ihn mit gehackten
Mandeln, Zucker, und Zimt und bäckt ihn
rasch im ziemlich heißen Ofen zu schöner
Farbe. Man kann auch, nachdem man ein
Hefenstück angesetzt hat, die Butter mit den
Eiern und dem Zucker zu Schaum rühren
und das Mehl wie das Hefenstück nebst den
übrigen Zutaten darunter mischen.

Linsensuppe, englische.

❖

1 l Linsen wird sauber verlesen, in kaltem Wasser 1 Stunde geweicht, in Wasser mit 60 g Butter und einer mit einigen Nelken gespickten Zwiebel weichgekocht, durchgestrichen, mit Salz und Pfeffer gewürzt und mit 2 l Fleischbrühe noch $1/4$ Stunde über dem Feuer verrührt. Gut ausgequellter Reis wird beim Anrichten besonders dazu aufgegeben.

Königsberger Klops.

❖

Man läßt durch die Fleischhackmaschine 750 g Rindfleisch und 500 g Schweinefleisch gehen, hackt dazu einen ausgegräteten, gewässerten Hering oder einige Sardellen, 2 Schalotten, etwas Pfeffer und Salz, 1 geweichtes und 1 geriebenes Weißbrötchen und 3 ganze Eier, vermengt dies alles recht gut, hackt auch noch etwas Zitronenschale darunter, formt längliche Fleischbirnen oder runde Klöße und kocht sie in einer guten Kapern- oder weißen Sardellensauce.

Berücksichtigend, daß diese Kundschaft an »Suppe, Fleisch und Gemüse gewöhnt« sei, war das Angebot in der Frauenspeiseanstalt anders als in den Volksküchen.

Suppe mit Fleischeinlage: 15 Pfennig
Gemüse und Fleisch: 25 Pfennig
Suppe, Gemüse und Fleisch: 35 Pfennig

Kaffee kostete fünf, Gebäck zwei oder drei Pfennig, wobei wir nicht das Einkommen der Mädchen und Frauen übersehen dürfen.

Im Dezember 1886 öffnete in der Alexanderstraße 38 a eine zweite Frauenspeiseanstalt, in der täglich kaum mehr als fünfzig Portionen verkauft werden konnten. Die räumliche Lage war ungünstig. Der Umsatz besserte sich, als die Küche in die Königstraße 43 verlegt wurde.

Seit Anbeginn hatte Luise Strassmann dieses Lokal betreut und geleitet, die Witwe des Stadtverordnetenvorstehers Wolfgang Strassmann. Sie starb 1889.

1890 wurde das Haus in der Königstraße abgebrochen. Eine zweite Volksküche für Frauen gab es fortan nicht mehr.

IMMER WEITER

Mit äußerster Sorgfalt berichtet Lina Morgenstern über Veränderungen im Zentralvorstand, nennt Namen, vergißt die zahlreichen Spender nicht. Die Portionen, sorgfältig registriert, betragen im 25. Jahr des Bestehens der Volksküchen 2 724 419; sie schreibt es »in Worten« dahinter. Die Zahl ist zu beachtlich, um überlesen zu werden.

Der Zulauf ist beim Mittagessen der größte. Von Januar bis Oktober 1889 sind die Fleischpreise bedeutend gestiegen, »und nie mehr gingen die Preise zurück«.

Neue Nahrungsmittel sollten eingeführt werden, wurden geprüft; dabei schnitten getrocknete Gemüse gut ab. »Auch wird Liebigs Fleischextrakt, Maggis Suppenwürze, Kathreiners Malzkaffee halb mit Bohnen gemischt in unseren Küchen verwendet.«

Wiederholt war vorgeschlagen worden, jenen Speisenden, die darauf Appetit hatten, für fünf Pfennig ein Glas Bier zu verabreichen. Dieser Antrag fiel regelmäßig durch. Die Vorsteherinnen fürchteten zu Recht, »dadurch werde den Küchen ein anderer Charakter gegeben«. Lina drückt das sehr vornehm aus. In kurzer Zeit wären aus den Volksküchen Kneipen geworden. Welche Ehrendame hätte da Aufsicht führen mögen und können ...

Um jedoch den begreiflichen Durst bei der Mahlzeit zu befriedigen und »gegen den Mißbrauch des Branntweins Abhilfe zu schaffen«, beschloß das Comité, mittags Kaffee und Kakao zu verabreichen. Im Sommer gab es kalte, abgekochte Milch oder Bierkaltschale.

Seit 1886 wurden rund 350 000 Becher Kaffee pro Jahr verkauft.

Dabei zeigte sich, daß viele Besucher nicht die fünfzehn Pfennig für eine Mahlzeit hatten. Also

Klare Biersuppe.

————————— ◇ —————————

Man setzt 1 $\frac{1}{2}$ l Weißbier mit Zucker, Zimt, 2
Nelken aufs Feuer. Man rührt Kartoffelmehl
mit kaltem Wasser an, gibt es unter fortwährendem Umrühren in die Suppe, um sie zu binden, und gibt sie über Suppenmakronen auf.

Bierschaumsuppe.

————————— ◇ —————————

2–3 Flaschen Weißbier, 1 Stange Kaneel, Zucker
nach Geschmack, Zitronenschale, den Saft einer Zitrone, 3 Löffel feines Mehl und 6 ganze
Eier bringt man in ein glatt emailliertes Gefäß
zum Feuer und schlägt es mit dem Schneebe-
sen so lange schäumig, ohne daß es kocht,
dann gibt man es sofort zur Tafel, weil sonst
der Schaum zergeht.

Bierkaltschale.

————————— ◇ —————————

2 Flaschen Doppel-Weißbier auf 6 Personen
werden auf folgende Zutaten gegossen: gut gewaschene 100 g Korinthen, 80 g Zucker, den
Saft und die Schale einer halben Zitrone (oder
Zitronenscheiben) – 1 Stückchen Ingwer, $\frac{1}{2}$
Teelöffel gestoßenen Zimt, 1 Weinglas Weißwein, 1 Likörglas Himbeersaft und für etwa 10
Pfennige geriebenen Zwieback oder Roggen-
brot. Die Bierkaltschale wird auf Eis gestellt,
wie alle Kalteschalen, denn je kühler, desto
besser schmecken sie.

kauften sie gern einen Becher Kaffee oder Kakao mit Milch und Zucker zu fünf Pfennig und dazu ein Brötchen für zwei Pfennig, insgesamt sieben.

Der Verein nahm keine Beiträge von seinen Mitgliedern und durfte nach seiner Satzung nichts verschenken. Jedoch täglich meldeten sich in großer Anzahl Notleidende und Hungernde. Daher wurde eine Unterstützungskasse für Notleidende gegründet, die nicht vom Verein, sondern von einem besonderen Comité verwaltet wurde. Bis 1891 konnten, dank vieler Spenden, über hunderttausend Portionen gratis verteilt werden.

Die Kaiserin Augusta spendete regelmäßig, war aber durch einen Sturz an den Rollstuhl gefesselt und konnte nicht mehr die Volksküchen besuchen. Mit großer Energie gelang es ihr nach zwei Jahren, ein paar Schritte zu gehen. Sie erschien in Moabit in der Volksküche mit ihrer Enkelin Prinzessin Wilhelm, der späteren Kaiserin Auguste Victoria, um sie in das »segensreiche Werk einzuführen, daß unserer Stadt zur Ehre gereicht«.

Zum letzten Mal besuchte Augusta am 9. Mai 1887 die 15. Volksküche in ihren neuen Räumen. Olga Morgenstern, Linas Tochter, hielt eine poetische Ansprache.

DER GROSSE FEIERTAG

Am 6. Juni 1891, es war Sonnabend, feierte der Volksküchenverein sein 25jähriges Bestehen. Bei Morgensterns in der Potsdamer Straße erschien früh eine Abordnung mit Glückwünschen.

Um 11 Uhr begann im Bürgersaal das Roten Rathauses die öffentliche Feier. Fahnen, Kränze, Blattpflanzen. Büsten des Kaiserpaars und der Kaiserin Augusta, die 1868 aus eigener Initiative die Schirmherrschaft übernommen hatte.

Nach der Begrüßungsansprache, in der noch einmal die Geschichte des Vereins geschildert wurde, hielt der Mariendorfer Prediger Richter die Festrede. In seinem Pfarrhaus war seinerzeit im Gespräch mit Frau Richter Lina Morgenstern der Gedanke gekommen, Volksküchen einzurichten.

Weitere Redner dankten. Der Chemnitzer Verein gegen die Verfälschung der Lebensmittel und zur Hebung der Hauswirtschaft ernannte Lina zum Ehrenmitglied. Allein die gratulierenden Vereine aufzuzählen bietet uns vielfältigen Einblick in Zeitgeschichte:

Der Berliner Fröbelverein, dessen Vorgänger Lina Morgenstern mitbegründet hatte. Der Allgemeine Deutsche Lehrerinnen-Verein, der Verein Deutscher Lehrerinnen und Erzieherinnen in England, der Verein Frauenwohl Berlin, das Augusta-Hospital, die Volkskaffeehallen, der Berliner Lette-Verein, die Vaterländischen Vereine Lübeck,

Landsberg a. W., Cöslin. Die Braunschweiger Volksküche, das kaiserliche Gesundheitsamt, der Verein zur Speisung armer Kinder in Berlin, der Verein für arme Wöchnerinnen in Berlin, der Verein Heimat für junge Mädchen, der Centralverein für Arbeitsnachweis in Berlin, der Verein zur Pflege im Felde verwundeter und erkrankter Krieger, die jüdische Altersversorgungsanstalt in Berlin, der Berliner Hausfrauenverein. Glückwünsche trafen schriftlich ein vom Ersten Wiener Volksküchenverein, vom Frauenverein für Belehrung und Unterhaltung in Berlin, vom Allgemeinen Deutschen Frauenverein in Leipzig, vom Frauenverein in Elbing, vom Kindergartenverein und vom ehemaligen Volksküchenverein in Breslau, vom Schweizerischen gemeinnützigen Frauenverein und vielen anderen. Die Großherzogin von Baden hatte telegrafiert. Das erste Telegramm aber, das am Morgen eingetroffen war, kam aus Finnland vom Vorstand der Arbeiterküche.

Mit 65 Unterschriften, darunter Virchow, gratulierte ein Comité, das sich zu Ehren Lina Morgensterns gebildet hatte, mit einer Ehrengabe. Für die bestehenden fünfzehn Volksküchen gratulierten der Vorstand und die Vorsteherinnen. Lina Morgenstern bedankte sich mit Geschenken und Urkunden, wobei sie der nicht anwesenden 86jährigen Frau Falk gedachte, die seit neunzehn Jahren ehrenamtlich am Bufett stand und auch an diesem Tage nicht in ihrer Volksküche fehlen wollte.

Wieviel Zeit zum Ausruhen die 61jährige Lina Morgenstern fand, wissen wir nicht.

Um 18 Uhr begann ein »fröhliches Festmahl« im Restaurantssaal des Zoologischen Gartens. 400 Teilnehmer hatten sich zusammengefunden. Wieder Ansprachen, darunter von Virchow, der als Zeitzeuge auftreten konnte, dann Trinksprüche, Gedichte, Gesänge. Telegramme und Grußadressen. Dann das Festmahl.

Da wir dessen Reihenfolge nachträglich nicht verfolgen können, uns jedoch inmitten zahlreicher Gäste im Berliner Zoologischen Garten befinden, sei in Linas Kochbuch geblickt.

Stör mit brauner Butter.

—— ◇ ——

Der Stör wird gewaschen, von seiner harten Schuppenhaut befreit, in fingerdicke Stücke geschnitten, in siedendem, stark gesalzenem Wasser unter fleißigem Abschäumen, ohne jedwede andere Zutat weich gekocht. Man läßt die Stücke dann abtropfen, richtet sie zierlich auf einer Schüssel an, gibt gehacktes, hartgekochtes Ei, gewiegte Petersilie darüber und gießt in dem letzten Augenblick reichlich braune Butter darüber.

Sterlet.

—— ◇ ——

Die kleinste Art des Stör heißt Sterlet, sein Fleisch ist wohlschmeckender als das des Stör, wird frisch und gesalzen gegessen und auf dieselbe Art, die bei dem Stör angegeben ist, bereitet. Der Sterlet liefert den feinsten Kaviar, der aber fast nie in den Handel gebracht wird, sondern für die russische kaiserliche Familie und ihre Glieder reserviert wird.

Hirschohren.

◇

Die möglichst frisch abgeschnittenen Ohren werden mit Salzwasser abgekocht, worauf man ihnen die Haut mit den Haaren abzieht, die Ohren putzt und im Wasser abkühlt. Nun schneidet man sie in nudelartige Stücke, dämpft sie mit Zitronen- und Trüffelscheiben, Muskatblüte, 60 g Butter und 3 Löffel geriebener Semmel in $^{1}/_{2}$ l gute Fleischbrühe. Auch die Hirschfüße und das Maul kann man zu dieser Bereitung mit verwenden.

Bärenschinken in Burgunder.

◇

Obgleich es in Deutschland und vielen anderen Ländern zu den größten Seltenheiten gehören wird, in die Lage zu kommen, Bärenfleisch zu bereiten, so setze ich die Möglichkeit doch voraus, da der Verkehr der Völker und der Transport immer mehr erleichtert wird und gebe hier zwei in Rußland als Delikatessen geltende Zubereitungsweisen: Eine gut abgelegene, abgehäutete und gewaschene Bärenkeule wird 1 Stunde in kaltes Wasser gelegt, gut abgetrocknet, dann mit Zwiebeln,

Pfeffer, Salz und Piement, Wachholderbeeren, kräftiger Fleischbrühe und 1–2 Flaschen Burgunder aufgesetzt. So läßt man sie 4–5 Stunden dämpfen, gibt sie auf, entfettet die Sauce, die man extra anrichtet, und gibt dazu Dämpfkohl oder Sauerkraut.

Bärenbraten, russisch.

◇

Man häutet den Rücken oder ein schönes Stück vom Hinterwirbel, legt es 1 Stunde in Wasser, trocknet es, reibt es mit Salz ein, setzt es mit ein wenig kochendem Wasser auf, begießt ihn oft mit dem eigenen Fett, dämpft ihn 3–4 Stunden, bestreicht dann die obere Seite mit Butter und saurer Sahne und läßt eine braune, dünne Kruste werden. Ältere Tiere mariniert oder beizt man vorher einige Tage.

Bärentatzen.

◇

Als größte Leckerbissen gelten die Vordertatzen des Bären. Man wäscht sie sauber, kocht sie in Salz und Wasser weich, teilt sie in 4 Stücke, taucht diese in zerlassene Butter und geriebene Semmel und bratet sie unter häufigem Begießen mit Butter auf dem Roste oder in der Pfanne, worauf man sie mit Zitronenscheiben, Kapern und Senfsauce anrichtet.

Bärentatzen, mariniert.

— ◇ —

Die Tatzen werden erst einige Tage in eine
feine Marinade von Öl, Essig und Gewürz gelegt, dann zwischen Speckscheiben und Wurzelwerk weich gedünstet und von der Marinade und Fleischbrühe daran gegossen. Sie
werden in 6 Stunden gar. Dann läßt man sie erkalten, vierteilt sie, bestreut sie mit Cayenne-
oder weißem Pfeffer und bratet sie wie oben.

Rentier.

— ◇ —

Dieses sonst nie in Deutschland gesehene Tier
kommt seit einigen Jahren in Eise gepackt bei
uns in den Handel, und zwar vorzugsweise die
Keulen, welche das Aussehen von Hirschfleisch haben, doch im Geschmack davon ab-
weichen. Man kauft das Fleisch in beliebigen
Stücken kiloweise, legt die Stücke entweder
über Nacht in eine Marinade oder in Milch
oder bratet und dämpft sie wie Hirschfleisch
gespickt in Butter.

Schildkrötenragout.

— ◇ —

Die Schildkröte wird getötet, gewaschen und
so lange gekocht, bis sich die Schalen ablösen
lassen. Man beseitigt diese, sowie Galle und
Gedärme, das Fleisch wird in Stücke geschnitten, in einer feinen Ragoutsauce mit Kalbs-
milch, Trüffelscheiben, Champignons, Eier-
klößchen gedämpft, mit harten Eiern garniert.

Warum Anstoß nehmen? Solche Rezepte waren damals nicht verletzend. Die Natur war noch heil, es gab Familien, die sich solche Mahlzeiten leisten konnten; mehr noch, die Köchin erfuhr so neue Nuancen der Zubereitung.

Nach dem Festmahl wurde das Lustspiel »Die Berliner Volksküchen« uraufgeführt. Wen wundert's, daß Lina es verfaßt hatte? Tochter Olga führte Regie, spielte selbst mit. Es muß recht heiter gewesen sein, die charakteristischen Typen der Kundschaft und Angestellten auf der Bühne zu erleben. Wo ist es geblieben, dieses Theaterstückchen, das mit gutem Grund zu den Berliner Possen gerechnet werden darf? Es ist vergessen wie die letzte Mahlzeit.

Am späten Abend ihres Ehrentages wird Lina Morgenstern total erschöpft, aber glücklich ins Bett gefallen sein. Sie hatte, was vielen nicht vergönnt ist, Ehrung und Dank erleben dürfen.

Anderntags, denn so schnell nehmen Feierlichkeiten kein Ende, besuchten die auswärtigen und die Ehrengäste die Volksküchen. Dort bekam überall jeder Essenskäufer für den üblichen Preis eine doppelte Portion und – Prosit – unerwartet ein Glas Bier umsonst. In der 13. Volksküche brachte daraufhin einer ihrer ältesten Besucher ein dreifaches Hoch auf die »Mutter der Volksküchen« aus.

Am Montag feierten die Angestellten der Volksküchen im Schützenhaus zu Schmargendorf. Wieder waren es vierhundert Gäste. Für jede der Küchen war eine Tafel gedeckt.

Originalton Lina Morgenstern: »In freudiger Stimmung verzehrten die sonst so fleißigen Angestellten Berge von Kuchen und schlürften dazu den Kaffee mit Behagen.«

Wieder Dank mit guten Worten, Rührung. Lina dankt ihrer »Armee«, Hochrufe. Später Spiele im nahen Wald, Belustigungen (in allen Ehren!); es wurde gesungen, deklamiert und gespielt.

Das große Betriebsfest.

Dann das warme Abendbrot. Wir empfehlen in Ermangelung von Details aus Linas Kochbuch:

Spargelsuppe.

❖

Vom Spargel zieht man die äußere Schale vom Kopf nach unten dünn ab, kocht ihn, in Stücke zerschnitten, in gesalzenem Wasser weich, fügt 1 Stückchen Butter und etwas Zucker hinzu, bindet die Suppe mit einer hellen Mehlschwitze und macht Schwemmklößchen hinein. Eine andere Art Spargelsuppe bereitet man, indem man sie statt einzubrennen, mit Eidotter legiert und sie über geröstete Semmelwürfel aufgibt.

Kalbsbruſt mit Majoran.

— ◇ —

Die Brust wird blanchiert, gewaschen und mit
1 Stück Butter, mit Bouillon oder Weißbier, mit
Wurzelwerk gar gedämpft. Dann nimmt man
sie heraus, gießt den Fond durch ein Sieb,
kocht ihn mit etwas Majoran auf und macht
ihn mit etwas Klarmehl seimig. Nachdem man
noch 100 g geriebenes Milchbrot in Butter gelb-
braun gebraten hat, streut man die eine Hälfte
davon über die angerichtete Brust und gibt die
andere mit dem Kalbfleischfond in einer Sau-
cière zur Tafel.

Viktoria-Mehlſpeiſe.

— ◇ —

Man nehme $^1/_2$ l süßen Rahm, 125 g Zucker,
1 Prise Salz, 1 Zitronenschale fein geschnitten,
sowie 50 g süße Mandeln und etwas Vanille
oder Zimt, 50 g fein geschnittenen Zitronat
und 10 ganze Eier, all dieses recht untereinan-
der gequirlt, dann mischt man noch allerlei
eingemachte Früchte dazu, z. B. Kirschen,
Nüsse, Aprikosen und so fort, schütte die
Masse in eine gut mit Butter ausgestrichene
und mit Semmelkrumen ausgestreute Form
und setze sie ins Wasserbad, um sie in Dunst zu
kochen; oben darauf 50 g Butter. Man deckt sie
fest zu und bäckt sie 1 $^1/_4$ Stunde.

»DASS GERADE EINE JÜDIN...«

Längst tauchte die Frage auf, ob niemand Anstoß genommen hatte, daß eine Jüdin so im Vordergrund der Berliner Wohltätigkeit stand. Die mit Mahlzeiten und Verbänden versorgten Soldaten wird es nicht interessiert haben. Die in den Volksküchen günstig Speisenden fragten gleichfalls nicht nach der Religion, ebensowenig wurden sie danach eingeteilt. Wen kümmerte, ob er oder sie einem christlichen oder einem jüdischen Spender ihre Gratis-Essenmarke verdankten...

Es gab gleich zu Beginn 1866 eine Volksküche, in der nach jüdischen Speisegesetzen gekocht wurde. Sie gehörte aber nicht zum Verein und wird daher von Lina Morgenstern nur kurz erwähnt. Dessenungeachtet erschien dort Augusta, als sie noch Königin war, und versicherte die Betreiber ihrer Unterstützung.

Lina Morgenstern und etliche ihrer Ehrendamen und Vorstandsmitglieder kümmerten sich mehr um die Menschen als um deren Glauben. Das wurde ihnen nach dem Sieg – bis dahin wurde ihre Hilfsbereitschaft gebraucht – verübelt.

Lina war seit jungen Jahren ein unabhängiger Geist. Mit 34 veröffentlichte sie ein Gedenkblatt für Galilei, den die »Kirche verloren«, die Welt aber, »die Menschheit gewonnen« hatte. Nicht Unterdrückung und Inquisition, sondern Gedankenfreiheit, Vernunft und Liebe zur Wahrheit sind die Wegweiser, damit Menschen glücklich werden. Das sind Lina Morgensterns Ideale.

Wie der junge Lessing, dessen frühes Schauspiel »Die Juden« sie nicht gekannt haben mag, schrieb Lina Morgenstern in einer ihrer »Plauderstunden« – zwölf Erzählungen »für die reifere Jugend« – über eine jüdische Familie in Rumänien, deren Vater von einem vierzehnjährigen Jäger angeschossen wird und ruft, wenn auch nur Jude, er sei kein Wild!

Als ihr Buch 1874 erscheint, hat der nach Krieg und Sieg 1871 neu belebte völkisch-rassistische Antisemitismus bereits begonnen. Wieder einmal sind »die Juden« der deutsche Sündenbock.

In Berlin und seinen Vororten lebten 1871 insgesamt 36 326 Juden. Sie waren rechtlich in die deutsche Gesellschaft integriert worden, jetzt aber »schuld an der Gründerkrise« und an unangenehmen Begleiterscheinungen der modernen Industriegesellschaft. »Enttäuschte Intellektuelle, protestantische Geistlichkeit und katholischer Klerus, der konservative Feudaladel und der traditionelle Mittelstand (kleine Geschäftsleute und Handwerker) fühlten sich vom Kapitalismus und insbesondere von der jüdischen Konkurrenz bedroht.« (Neues Lexikon des Judentums)

Zentralfigur der Berliner Antisemitismus-Bewegung war der 44jährige evangelische Hofprediger Adolf (!) Stoecker mit seiner »Rede zur jüdischen Frage«.

Er zog Handwerker und Kleinhändler an, benannte seine Christlichsoziale Arbeiterpartei um in eine Christlich-Soziale Partei und verkündete am 2. Juli 1883: »Wir bieten den Juden den Kampf an bis zum völligen Siege und wollen nicht eher ruhen, als bis sie hier in Berlin von dem hohen Postament, auf das sie sich gestellt haben, heruntergestürzt sind in den Staub, wohin sie gehören.«

Das war sogar Bismarck zuviel.

Lina Morgenstern, von einer Reise nach Heidelberg zurückgekehrt, läßt sich keine »Judenhetze in der intelligenten Kaiserstadt« mehr gefallen, sondern protestiert öffentlich: »Wir Juden haben wohl zur Genüge bewiesen, daß wir nicht nur genießen, sondern arbeiten, und zwar nicht nur, um Kapital zusammenzuscharren, sondern ohne Unterschied der Religion das Gute zu fördern, unseren Mitbürgern beizustehen und barmherzige Liebe zu üben.« Die energische Lina sagt es deutlich: »Wir fühlen uns als gleichberechtigte Staatsbürger, da wir alle Pflichten gegen Thron und Vaterland, gegen Staat und Gesellschaft gewissenhaft erfüllen.« Das stimmte 1933 und danach genauso. Zwar gab es den Thron seit 1918 nicht mehr, aber wie viele deutsche Juden hatten ihn verteidigt und dafür den Orden vom Eisernen Kreuz bekommen, den soundso viele von ihnen vergebens bei der Geheimen Staatspolizei vorzeigten, als sie deportiert werden sollten?

Lina Morgenstern: »Für die Fehler einzelner ist die gesamte Judenschaft ebensowenig verantwortlich zu machen, als für Fehler einzelner die gesamte Christenschaft.«

So ging das selbstverständlich nicht. Der Hofprediger Stoecker ließ feststellen, daß Frau Morgenstern zwar in »barmherziger« Liebe umsonst arbeite im »Volks-Suppen-Verein«, wie er ihn zu nennen beliebte, aber genauso barmherzig ihren Ehemann mit einem bedeutenden Gehalt als Sekretär des Suppen-Vereins angestellt habe.

Es entwickelt sich eine anhaltende Antijudenkampagne, die später einem Adolf Hitler Impulse gibt.

In Berlin erscheint als Heft Nr. 6 der »Couplet-Mappe« das Heft »Levy's Abschied vom Mühlendamm«, einer Berliner Uferstraße. »Jüdische Original-Solo-Szene von Adolf Kunz«. Ein jüdisches Ehepaar mit zwei Kindern und Reisetaschen ist abgebildet vor einer Lokomotive. Sie raucht abfahrtsbereit. Am Kessel liest man »Palaestina« und vorn: »Nach Jerusalem«. »Nu aber raus« ist an einem Hauseingang zu entziffern. Ähnliches war vor dem November-Pogrom 1938 im sogenannten Dritten Reich zu lesen.

Später stand unsichtbar »Nach Auschwitz« an den Zügen der Deutschen Reichsbahn.

Ständige Angriffe gegen Juden verderben die Atmosphäre. Ein Schriftsteller wie Berthold Auerbach, der sich unter anderem in seinen »Volkskalendern« um deutsch-jüdische Verständigung bemüht hatte, verläßt erbittert Berlin und stirbt 70jährig in Cannes...

Boykott-Aufrufe gegen jüdische Läden und Geschäftshäuser bewirken, daß 1882 das Konsumgeschäft geschlossen werden mußte. Über 3 000 Mitglieder traten aus dem Hausfrauenverein aus, 450 blieben übrig. Theodor Morgenstern mußte Konkurs anmelden, nicht zum ersten Mal in seinem Kaufmannsleben. Die Zeitungen hatten behauptet,»Erbsen mit Maden« seien in die Volksküche geschafft worden, und er habe »Holzsägespäne in großer Menge als Feigenkaffee« im Konsumgeschäft verkauft.

Der Antisemitismus wird radikaler. Ein Carl Paasch äußert sich 1891 über die »Geheime Herrschaft des Judentums« und nennt den Antisemitismus die »vornehmste aller geistigen Strömungen in den letzten Jahrhunderten«.

Da wollen wir an den kaum bekannten Beitrag von Ernst Moritz Arndt erinnern, nach dem mindestens eine deutsche Universität benannt ist. Er schrieb 1814, Juden als »Fliegen und Mücken und anderes Ungeziefer« bezeichnend, daß ihre »Einfuhr aus der Fremde« zu verbieten sei: »Die Juden als Juden passen nicht in diese Welt und in diese Staaten hinein...« Als eine Art Ausländer, um es modern zu sagen. Arndt will, »daß unter keinem Vorwande und mit keiner Ausnahme fremde Juden je in Deutschland aufgenommen werden dürfen«.

Mit solchen deutschen Vorbildern wird künftig deutsches Verhalten gelehrt.

Arndts Kollege Fichte hatte bereits 1793 – das war ein paar Jahre nach der Französischen Revolution – festgestellt, er sähe, falls Juden Bürgerrechte bekommen sollten, »kein anderes Mittel als das, in einer Nacht ihnen alle Köpfe abzuschneiden, und andere aufzusetzen, in denen auch nicht eine jüdische Idee sei«. Praktisch unmöglich, wollte er damit sagen, daher: »um uns vor ihnen zu schützen«, will er sie alle in ihr gelobtes Land

Kochschule

des Berliner Hausfrauen-Vereins

Breiteſtraße 6 I

begründet von **Lina Morgenſtern 1878,**

zur wirtſchaftlichen und häuslichen Ausbildung junger
Damen, zur Ausbildung von Lehrerinnen der Koch-
kunſt, Wirtſchafterinnen, perfekten Privat- und Hotel-
Köchinnen und ſich fortbildenden Dienſtmädchen. ⬛

Praktiſcher und theoretiſcher Unterricht.

Von 1878 bis 1905 ſind über 4000 Schülerinnen ausgebildet worden.

Die Anſtalt iſt im Sommer von 8 Uhr, im Winter von $1/_2$9 Uhr vor-
mittags bis abends 7 Uhr geöffnet, außer an Sonn- und Feiertagen.

Gelehrt wird: **Praktiſch:** Kochen, Braten, Backen, Konſervieren und
Verwertung der Reſte von Speiſen, mit Berückſichtigung der
Kochkunſt aller ziviliſierten Nationen:

  a) **Einfache Hausmannskoſt, bürgerliche, feine und Luxusküche,
  Krankenkoſt, Speiſen und Getränke für Geneſende,**
  b) **das Tranchieren, Dekorieren etc.**

Theoretiſcher Unterricht in Ernährungs- und Nahrungsmittellehre, Haus-
haltungskunde, Wirtſchaftslehre, Theorie der Kochkunſt.

Lehrbücher der Anſtalt ſind folgende Schriften v. Lina Morgenſtern:

  1. **Univerſal-Kochbuch** für Geſunde und Kranke.
  2. **Die Ernährungslehre.**
  3. **Der häusliche Beruf und wirtſchaftliche Erfahrungen.**
  4. **Der Schlüſſel zum häuslichen Glück;** Tage-, Kaſſa- und Haushaltungsbuch.
  5. **Was kochen wir heute?**

Der Ankauf dieſer Bücher iſt obligatoriſch und geſchieht bei Beginn des Kurſus. Der
Geſamtpreis iſt für Schülerinnen ermäßigt.

Der Kurſus zur Ausbildung für die Häuslichkeit oder zu wirtſchaftlichen Stützen und perfekten Köchinnen dauert bei täglichem Unterricht drei Monate. Zur Ausbildung als Lehrerin
der Kochkunſt 1 Jahr.

Näheres in den Proſpekten, die auf Wunſch gratis verſchickt werden.

**Der Vorſtand
des Berliner Hausfrauen-Vereins.**

schicken. Später revidiert er sich ein wenig. Er lernte Dorothea Veit kennen, die Tochter Moses Mendelssohns. Keine Rede davon, daß ein Sohn des menschenfreundlichen Philosophen und zwei seiner Enkel zu den Freiwilligen von 1813 gehörten.

Paasch ist nicht der einzige, der gegen jüdische »Niedertracht und Finsternis« kämpft, aber er bringt etwas Neues. Er wendet sich gegen den Schaden, »den uns jüdische Wohltätigkeit zugefügt hat«.

Wohltätigkeit als Schaden?

Lina Morgenstern und ihre jüdischen Helferinnen wollten »schädlich, perfide und eigennützig zur Hebung des Judentums« wirken. Und die christlichen Ehrendamen hatten das nicht gemerkt, sondern mitgemacht?

Paasch bietet als Beispiel einen deutschen Offizier, der sich heimkehrend auf einem Berliner Bahnhof satt essen konnte und statt zu bezahlen, wie er vorhatte, die kostenlose Verabreichung von Speis und Trank quittieren soll; ihn wundert diese Zumutung. Was aber, wenn die Morgensterns keine Belege gesammelt hätten?

Paasch fragt, das sei zweimal gelesen: »Weshalb ist es denn notwendig, daß gerade eine Jüdin dieses Geschäft der Volksküche betreiben muß; warum können es nicht Deutsche tun; muß denn alles Juden überlassen werden?«

Als ob diese Juden keine Deutschen seien...

Die Kaiserin Augusta kümmerte sich nicht um die »fanatische Agitation des Antisemitismus«, das weiß Lina Morgenstern und zitiert, was Augusta zu den Vertretern israelischer Wohltätigkeitsanstalten in Stettin sagte: »Ich bin Ihren Glaubensgenossen auf diesem Gebiet oft begegnet und habe stets die Opferwilligkeit und hingebende Liebe bei Ihnen wahrgenommen. In Berlin habe ich oft die israelitischen Wohltätigkeitsanstalten besucht und immer gefunden, daß sie geradezu musterhaft sind.«

Aber wer hörte auf die unbeliebte Kaiserin, die nach dem Tode von Mann und Sohn kaum mehr etwas zu sagen hatte?

Andreas Winkelhorst, aus dessen Arbeit hier zitiert werden konnte, kommt zu einem interessanten Vergleich. Die vielfältigen Konflikte im Kaiserreich, begleitet von Mißgunst und Feindseligkeit, betreffen insbesondere Juden und Frauen. »Der Kampf der Frauen um rechtliche und politische Gleichheit und soziale Anerkennung verläuft in mancher Hinsicht ähnlich wie der Kampf der Juden um Gleichberechtigung.« Wenn da eine Frau und Jüdin zugleich ist, hat sie es besonders schwer.

EINE MUSTER-VOLKSKÜCHE

Ohne auf ungerechte Vorwürfe und Beleidigungen einzugehen, setzt Lina Morgenstern ihren Tätigkeitsbericht der Berliner Volksküchen bis 1900 fort. 1892 war Gerson von Bleichröder gestorben, der dem Verein seit seiner Gründung Zuwendungen gemacht hatte. Mit einem Legat wollte Bleichröder die Einrichtung einer Muster-Volksküche. Sie kam erst 1895 zustande, als die 3. Speiseanstalt von der Rosenthaler Straße 40 in den Stadtbahnbogen 10/11 verlegt werden konnte. Am Stadtbahnhof »Börse«, der heute »Hackescher Markt« heißt.

Die zur Anmietung erreichbaren Keller waren zumeist von der Baupolizei beanstandet worden. »Parterrelokale, in der Größe und in Gegenden, wie wir sie brauchten«, waren jetzt unter 3 000 bis 4 000 Mark monatlich kaum zu haben oder nur am Stadtrand.

1896 belieferten beheizte Transportwagen verschiedene Fabriken mit je nach Bestellung ganzen oder halben Portionen. Neue Erfahrungen: Die männlichen Arbeiter waren eher zufrieden als die Frauen, die am liebsten täglich »Kartoffeln mit gebratenem Fleisch« essen wollten.

Auch das Polizei-Präsidium ließ sich beliefern, für die Gefangenen.

1897 wurde beantragt, daß im Bereich der 8. Volksküche arme Schulkinder, die zu Hause kein Mittagessen bekamen, kostenlos gespeist werden sollten. Das gelang durch Spenden. Vom Oktober 1897 bis März 1898 wurden 18 621 Kinderportionen im Wert von fünf Pfennig gratis ausgegeben.

Lina Morgensterns Geschichte der Volksküchen schließt mit der Hoffnung, es möge auch im neuen Jahrhundert nicht an Hilfsbereitschaft fehlen. Mittlerweile gab es in vielen deutschen Städten Volksküchen nach Berliner Muster. Am liebsten wäre der Gründerin ein internationaler Kongreß, um Erfahrungen über eine »rationelle und gesunde Massenernährung« auszutauschen.

Gut organisierte Volksküchen bestehen seinerzeit in Moskau, Petersburg, Riga, Warschau und anderen Städten. In Wien, Prag, Graz und Amsterdam; auch in England und Amerika sollen solche Speiseanstalten eingerichtet werden.

Viele Tausende sind in Berlin von »der Qual des Hungerns in der Weltstadt befreit« worden, dank vieler Frauen und Männer. »Möge die Arbeit in der Gemeinsamkeit, die wir vollbringen, auch nach unserem dereinstigen Scheiden stets willige Hände und Herzen finden, auf dass unsere Volksküchen die Stürme der Zeit überdauern . . .«

EXKURS:
BERLIN-KREUZBERG 1933

Erst im dritten Wahlgang war der Sozialdemokrat Dr. Carl Herz, damals 55jährig, im Herbst 1926 zum Bezirksbürgermeister von Kreuzberg gewählt worden. Mit den Stimmen der Kommunisten, weil er »vor allem in der sozialen Fürsorge, Jugendfürsorge, Erwerbslosenfürsorge, Wohnungswesen usw. die wahren Interessen der Arbeiter vertritt«.

Herz, ein erfahrener Verwaltungsjurist, der auch gegen die eigene Genossen-Bürokratie für die Demokratisierung des Verwaltungsapparats und die »Entpreußung Deutschlands« eingetreten war, hatte als Jude schon vor Hitlers Machtantritt am 30. Januar 1933 Anfeindungen erleben müssen.

Am Sonntag, dem 5. März 1933, hatten die Reichstagswahlen der Hitlerpartei eine Mehrheit gebracht. Goebbels notierte: »Wir sind die Herren im Reich und in Preußen...« Am 7. März verliert die SPD ihre letzte Regierungsbeteiligung in Deutschland, ihre Zeitungen werden verboten. Am 8. März hebt die Reichsregierung die 81 Reichstagsmandate der Kommunistischen Partei Deutschlands auf, beschlagnahmt das Karl-Liebknecht-Haus und verlegt dorthin die Zentrale der politischen Polizei. Am 9. März ordnet der kommissarische Polizeipräsident von München, er heißt Heinrich Himmler, die Einrichtung des Konzentrationslagers Dachau an. Hitler gibt als Parole aus: »Vernichtung des Marxismus!« Anderntags wird der Magdeburger Oberbürgermeister Ernst Reuter (»Schaut auf diese Stadt«) in Schutzhaft genommen.

Überall haben die Nazis die Oberhand.

Vor diesem Hintergund sei gegen zwölf Uhr mittags ins Amtszimmer des Kreuzberger Bürgermeisters geblickt.

Dr. Herz achtete zunächst nicht auf Lärm im Vorzimmer, »da es häufig vorkommt, daß erregtes Publikum, das mit seinen Wünschen bei den Dienststellen abgewiesen ist, den Bürgermeister zur Durchsetzung seiner Forderungen sprechen will«. Aber bald dringen an die zehn SA-Leute ein. »Ihr Führer war ein dicker, untersetzter Herr, der sich, wenn ich nicht irre, Bruchmüller nannte.«

Der Bürgermeister meint, es könnte derjenige sein, der in der vorvergangenen Nacht im Urban-Krankenhaus dreißig Betten für die SA beschlagnahmt hatte. Die SA war die in braune Uniformen gekleidete Sturm-Abteilung der Nazi-Partei.

Jener An-Führer »erklärte, daß ich des Amtes enthoben sei, ich hätte im Bezirksamts-Gebäude nichts mehr zu suchen. Ich erklärte, daß ich nicht daran denke, freiwillig mein Amt aufzugeben.« Mit welchem Recht wird das verlangt?

»Mit dem Recht der Gewalt!«

Es geht hin und her, der Bürgermeister verbittet sich, angefaßt zu werden. »Die Leute packten mich schließlich und schleppten mich gewaltsam durch die Tür und den Korridor nach außen.« Dabei bekommt er Fußstöße und Püffe mit der Faust.

Das alles ist nachzulesen in dem »Bericht über meine gewaltsame Amtsentsetzung«, den Carl Herz in der Emigration schreiben konnte. Dieses gute Ende sei vorweggenommen.

Im Hof des Rathauses »hatte sich eine Menschenmasse angesammelt, die offenbar über die Verhaftung unterrichtet war«. Herz wird neben eine Reihe SA-Männer gestellt, mit ihm drei Beamte. Der SA-Führer hält vor dem versammelten Pöbel eine Ansprache. Inzwischen wurde im Amtszimmer des Bürgermeisters vergeblich nach Waffen gesucht.

»Während wir vor dem Gebäude standen, erging sich das Publikum in Beschimpfungen und Drohungen, die sich ständig steigerten und etwa dahin gingen, die Kerls müßten ins Arbeitslager, sie müssen binnen 24 Stunden erschossen werden.«

Dann wird das von den Nazis beschmutzte, dennoch bis heute als Nationalhymne benutzte »Deutschlandlied« gesungen, das »Horst-Wessel-Lied« angestimmt »und ein Hoch auf den Führer ausgebracht. Mir wurde befohlen, die Hand zum Hitler-Gruß zu erheben. Ich erhielt von hinten Fußtritte und Püffe, als ich dem Befehl nicht sofort nachkam.«

Herz darf nicht in das Gebäude zurück. Aus der Menge hört er Zurufe; er glaubt an einen »organisierten Kern«, denn wie sollten sie alle ganz zufällig hierher gekommen sein?

Eine SA-Formation marschiert los. Zwei Polizeibeamte, die seit Monaten die Wohlfahrtsstelle am Bezirksamt beschützten, waren verschwunden. Carl Herz: »Ich ging in der zweiten Reihe, links und rechts von mir ein SA-Mann.« Er befürchtet, in eine SA-Kaserne in der Friedrichstraße gebracht zu werden. »Der Marsch ging zunächst über die Yorckstraße in Richtung Großbeerenstraße, dann auf der anderen Einbahnstraße« zur Gneisenaustraße.

»Bürgermeister Dr. Herz« steht mit Rotstift auf einem Blatt, das während des Marschierens auf seinem Mantelrücken befestigt wird. Dem Publikum am Straßenrand wird zugerufen, das sei er, der Arbeitslosengelder unterschlagen hat, und was der Beschuldigungen dieser Art mehr sind. Als Carl Herz in beruhigender Absicht bemerkt, er hätte doch die Arbeitslosigkeit nicht verschuldet, wird er bedroht. Im Gedächtnis blieb ihm ein »offenbar dem Mittelstand angehöriger Mann, der mit der Faust vor meinem Gesicht herumfuchtelte und dabei erklärte: ›Du Lump hast mich mit deiner Gewerbesteuer kaputtgemacht.‹« Diese Äußerung blieb Herz im Gedächtnis haften, »als Kennzeichen für die Geistesverfassung des Mannes«.

Auf der Kreuzung Belle-Alliance-Straße (heute Mehringdamm) Ecke Yorckstraße »stand ein Schupomann« (Schutzpolizist), »den ich vergeblich ansah. Er erkannte zweifellos die Situation. Ich hatte den Eindruck, daß er verlegen war und wegsah.« Die SA-Leute hatten den hilfesuchenden Blick von Herz bemerkt und erklärten, »jetzt seien sie die Polizei«.

Dieses Marschieren durch öffentliche Straßen war eine Spezialität der SA. Die moderne Form des mittelalterlichen Prangers. Man erinnere sich an Fotos, auf denen »deutsche Mädchen« derart geschändet werden durch ein ihnen umgehängtes Schild, sie hätten »Rassenschande mit Juden« getrieben...

Da heutzutage wegen des Staus und zähfließenden Verkehrs lokale Erniedrigungen so gut wie ausgeschlossen sind, finden sie vor fernsehendem Millionenpublikum und/oder in Massenblättern statt.

Der Kreuzberger Bürgermeister, so zwangsweise nach der Wende einbezogen in das Neue Reich, muß mitmarschieren. Besonders wird darauf geachtet, »daß ich den militärischen Gleichschritt innehielt. Blieb ich daher zurück oder war der Tritt falsch, bekam ich sofort einen Stoß, begleitet von entsprechenden Bemerkungen.«

Der Gleichschritt ist eine deutsche Erfindung.
Er wurde nie abgeschafft.

Der Zug – laute Rufe der SA, Schreie aus dem Publikum – wendet sich nach rechts bergan in Richtung Flughafen Tempelhof und biegt links in die Bergmannstraße ein. Bis zur Marheineke-Markthalle, die am 15. März 1892 eröffnet worden war. Damals eine der neuen Möglichkeiten, von 6.00 bis 13.00, von 17.00 bis 20.00 Uhr einkaufen zu können, sonnabends bis 21.00 Uhr, sonn- und feiertags von 6.00 bis 9.00 Uhr; wetterunabhängig unterm Dach.

Auch hier hatten am 1. April 1933 beim Boykott jüdischer Läden SA-Männer der Kundschaft gedroht, nicht »beim Juden« zu kaufen.

Als der Zug mit dem Bürgermeister erst durch einen Seitengang, dann durch die Mitte schritt, riefen die SA-Leute den zu zwei Dritteln mit den Nazis zumindest sympathisierenden Marktstand-inhabern zu: »Hier ist der Bürgermeister Dr. Herz, der euch die Standgelder erhöht hat!«

Dann zog die Formation – und wer möchte sich vorstellen, wie Carl Herz zumute gewesen sein mag – weiter zur Mariendorfer Straße, die heute Riemannstraße heißt nach einem der Begründer des deutschen Turnwesens, was auch wieder mit dem Gleichschritt zu tun hat.

In der Nummer 19 befand sich eine vom Bezirksamt Kreuzberg verwaltete Ausgabestelle der Volksspeisung.

Herz: »Die Speisenden, die durchweg dem hilfs-bedürftigen Publikum angehören, wurden heraus-gerufen.

Der SA-Führer hält eine Rede. Der Bürgermeister sei verhaftet worden, weil er Arbeitslosengelder unterschlagen oder verschwendet hätte; außerdem habe Herz sich am städtischen Vermögen vergriffen. Beweise? Gibt es nicht.

»Während der Rede ereignete sich folgendes: Eine alte Frau von etwa 70 Jahren trat an die SA-Leute heran und sagte, warum sie denn den Bürgermeister verhaftet hätten, er sei vor einigen Wochen in der Speisestelle gewesen und habe die Beschwerden wegen des Essens nachgeprüft, darauf sei das Essen besser geworden.« Nun warf ein SA-Mann dem Bürgermeister vor, »wir hätten nur für die alten Leute Interesse gehabt«.

Die nun folgende Szene ist Jahrzehnte später (1983) von Augenzeugen dramatisch ausgemalt worden. Erinnerung macht manches gelinder oder schlimmer. Wir wollen uns an das halten, was der Bürgermeister Herz formuliert hat. Er mußte es am besten wissen: »Ein Mann brachte mir eine Schüssel Volksspeisungsessen, das ich vor dem Publikum auslöffeln sollte. Ich lehnte das ab, gleichzeitig erschien aber ein Schupomann, der eingriff.« Noch hatten die neuen Herren nicht alles in der Hand. »Um weitere Schwierigkeiten zu vermeiden und dem Schupo seinen Dienst zu erleichtern, nahm ich dann einen Löffel Suppe.«

Falls der Bürgermeister, wie es Spät-Erinnerer sahen, im Gesicht geblutet hätte, wegen eines ihm in den Hals gestoßenen Löffelstiels, er hätte es gewiß nicht ausgelassen in seinem Bericht.

Er kostet die Suppe.

»Dann erschien der Reviervorsteher und erklärte, ich sei in Schutzhaft genommen.«

Schutzhaft als ohne gerichtlichen Haftbefehl bewirkte Verhaftung war z. B. in Preußen seite 1931 geregelt. So konnten Personen in polizeiliche Verwahrung genommen werden zu ihrem eigenen Schutz, zur Beseitigung einer bereits eingetretenen oder zur Abwehr einer unmittelbar bevorstehenden Störung der öffentlichen Ordnung, wenn andere Mittel nicht möglich oder nicht erfolgversprechend sind. Wer so festgenommen wurde, mußte spätestens im Lauf des nächsten Tages entlassen werden.

Die seit dem 28. Februar 1933 geänderte Verordnung »zum Schutz von Volk und Staat« ermöglichte auch außerhalb der sonstigen gesetzlichen Grenzen und damit allgemein eine Schutzhaft auf Grund polizeilicher Anordnung. Das bedeutete in vielen Fällen, daß die Festgenommenen in ein Konzentrationslager gebracht wurden.

Ob die SA-Leute vor der Volksküche davon eine Ahnung hatten oder ob sich der Reviervorsteher darauf berief, jedenfalls, so Carl Herz, »es gelang ihm in sehr geschickter Weise, mich von den SA-Leuten und der sie begleitenden Menge loszulösen«. Ein hier im doppelten Wortsinne beherzter Reviervorsteher! Jemand mußte ihn unterrichtet, wenn nicht alarmiert haben. Auch er war einer der anständigen Polizeibeamten der Weimarer Republik, die sich von den neuen Machthabern nicht alles bieten ließen.

Herz: »Er brachte mich alsdann zum Revier« – das 112. lag nicht weit entfernt, drei Querstraßen weiter in der Willibald-Alexis-Straße 1. »Von hier aus fuhr ich in einer Autodroschke zum Rathaus und erstattete dem Herrn Oberbürgermeister Bericht.«

Biographische Notiz:

Abgesetzt, beurlaubt, entlassen blieb Dr. Carl Herz in Berlin, beriet ehrenamtlich ehemalige jüdische Beamte in Rechtsfragen und war als Testamentsvollstrecker tätig. Auf Drängen seiner Frau emigrierte die Familie im April 1939 noch rechtzeitig nach London. Nach Kriegsende lebten Else und Carl Herz in Israel, wo er 1951 starb.

In Berlin-Kreuzberg ehrt das Carl-Herz-Ufer sein Andenken.

DREI TÖCHTER, ZWEI SÖHNE

Lina und Theodor Morgenstern mußten erleben, daß zwei ihrer Kinder, Michael und Mathilde, und der Schwiegersohn vor den Eltern starben.

Mathilde, die jüngste Tochter, war Malerin und wurde nur 22 Jahre alt. Michael (1857) war Zahnarzt in Berlin, lebte später in Baden-Baden und praktizierte zuletzt in Straßburg.

Es gibt kaum Unterlagen über die Familie. Die schreibfreudige Lina hielt andere Themen für wichtiger. Daher wissen wir nicht, wie Theodor und seine Frau darauf reagierten, als sich zwei ihrer Kinder als Erwachsene taufen ließen.

Alfred Morgenstern, geboren am 1. November 1865, nahm am 15. März 1893 gemeinsam mit seiner älteren Schwester Olga den evangelischen Glauben an. Das war ihm womöglich empfohlen worden, um beruflich voranzukommen. Alfred Morgenstern leitete als Regierungsbaumeister den Bau der Brocken- und Harzquerbahn, später war er im Staatseisenbahndienst als Eisenbahnbau- und Betriebsinspektor tätig.

Olga, das zweite Kind, kam am 19. November 1859 (oder 1858?) zur Welt. Nach guter Ausbildung zur Kindergärtnerin wollte sie lieber Schauspielerin werden; setzte das gegen den Vater durch, spielte am Coburger Hoftheater und ging nach Wien, wo sie bei Joseph Lewinsky Rhetorik studierte und Vortragsreisen in Österreich und Deutschland unternahm. Olga schrieb Märchen und »Deklamationsstücke«. Zurückgekehrt nach Berlin war sie als dramatische Lehrerin und Schriftstellerin tätig – wir erinnern an ihr Mitwirken beim Jubiläum des Volksküchenvereins.

Wohl wegen der beruflichen Zukunft ihres künftigen Mannes getauft, heiratete sie im Sommer 1893 den liberal-konservativen Politiker und Volkswirtschaftler Dr. phil. Otto Arendt (1854–1936), der sich seiner jüdischen Zugehörigkeit bereits durch die Taufe entledigt hatte.

Olga war langjährig Mitglied im Berliner Hausfrauenverein und 1896 im Vorbereitungs-Comitee für den Internationalen Frauenkongreß ihrer Mutter tätig. Nach der Geburt ihres dritten Kindes starb Olga Arendt am 29. Mai 1902.

Dr. Arendt, Abgeordneter in Landtag und Reichstag, Verfasser zahlreicher finanzpolitischer Schriften, besaß im Berliner Bezirk Tiergarten das Haus Altonaer Straße 11. Dort, im Gartenhaus, zweiter Stock, gab es seit 1909 ein Büro für Schreibmaschinenarbeiten und französische Übersetzungen. Hier wohnte mit ihrer verwitweten Mutter ein Fräulein Mathilde Jacob. Sie ist nicht wenigen von uns bekannt als beste Freundin und Gefährtin von Rosa Luxemburg, die dort im Dezember 1913 zum erstenmal die Treppe hinaufstieg, um ein Manuskript vervielfältigen zu lassen. Das nur am Rande vermerkt für die Zufälle, die uns die Ironie der Geschichte beschert, wenn wir hinsehen.

Ein anderes Stück deutscher Geschichte verbindet sich mit Clara, der am 10. Mai 1855 Erstgeborenen der Familie Morgenstern. Mit vierzehn besucht sie die 1869 von ihrer Mutter gegründete »Akademie zur wissenschaftlichen Fortbildung für Damen« und wird als Kindergärtnerin ausgebildet.

Zwanzigjährig ging sie nach London, wo sie nach deutschem Vorbild einen Kindergarten einrichtete. Danach arbeitete sie in Österreich und Italien, nutzte später ihre Sprachkenntnisse als Übersetzerin. Nach Berlin zurückgekehrt, schreibt sie für die Jugendzeitschrift »Herzblättchens Zeitvertreib« und lehrt Flach- und Kerb-(nicht »Korb-«)schnitzerei in einer Werkstätte in der Lützowstraße. Nahe der elterlichen Wohnung.

Mit 27 heiratete sie den zwei Jahre älteren Cello-Virtuosen Philipp Roth, der als Vater von zwei Töchtern schon am 9. Juni 1898 starb. Er wurde auf dem Jüdischen Friedhof in Weißensee bestattet. Die Biographen, die ihn und sein Frau um 1901 in Nachschlagewerken würdigten, konnten nicht wissen, was Juden in deutscher Zukunft geschehen könnte.

Aus dem Register des Friedhofs der Jüdischen Gemeinde Berlin-Weißensee:

Die Friedhofs-Kommission der Jüdischen Gemeinde zu Berlin e.V. meldet zur Beerdigung an:

Clara Sara Roth, geb. Morgenstern, 87jährig um 23:45 Uhr am 3. April 1942 an Verkalkung gestorben. Sie wurde am 10. April neben ihrem Mann beigesetzt. Der ungewöhnlich lange Zeitraum ist darauf zurückzuführen, daß die wenigen jüdischen Friedhofsarbeiter, wie Prediger Martin Riesenburger in »Das Licht verlöschte nicht« berichtet, schon 1942 die Anzahl der täglich eingelieferten Toten – viele zogen Selbsttötung der Deportation vor – kaum bewältigen konnten. Davon zeugen die am Wegrand Bestatteten.

Daß Clara Roth, wie einst vorgesehen, im Familiengrab liegt, beweist nur die Sorgfalt, mit der man sich trotz aller Belastungen auf dem Friedhof um jeden einzelnen kümmerte.

Als letzte Wohnung von Clara Roth ist angegeben: »Auguststraße 14/15«. Eine vielsagende Adresse.

Die Grundstücke Nr. 13 bis 17 dieser alten Berliner Straße gehörten einst der Jüdischen Gemeinde. 1917: Jüdische Kindervolksküche. Und anderes wie Kriegskindergarten, Näh-, Lehr- und Stillstube der Jüdischen Gemeinde. Später Kinder- und Jugendheim, AHAWAH genannt. Nach dem hebräischen Wort für Liebe.

Regina Scheer hat 1992 darüber ein Buch veröffentlicht: »AHAWAH, das vergessene Haus«. Ob Kinder- oder Altenheim, es war um 1942 zu einem Sammelplatz für Menschen geworden, die das Naziregime für überflüssig hielt. Es lohnte wohl nicht, die blinde und zuckerkranke 87jährige Clara Roth noch zu deportieren.

Wir wollen die Auguststraße, die nicht nach dem Sommermonat, sondern nach einem Preußenprinzen benannt ist, nicht beiseitelassen, wenn vom Mord an jüdischen Mitmenschen die Rede ist.

AM BESTEN: SELBSTAUSKUNFT

Zwei Engagierte, Richard Wrede und Hans von Reinfels, geben 1897 ein Buch heraus, das sie »Das geistige Berlin« nennen: »eine Encyclopädie des geistigen Lebens Berlins«. In zwei Bänden. Wie ihre Nachfahren ein Jahrhundert später berufen sie sich auf die »stetig wachsende Bedeutung Berlins für das gesamte geistige Leben Deutschlands«, wobei heutzutage das drittletzte Wort durchaus weggelassen werden könnte, ohne daß es manchem politisch Tätigen auffiele.

Wie alle Herausgeber, die es mit lebenden Autoren zu tun haben, beklagen beide, daß trotz viermaliger Aufforderung nicht alle, deren Namen unbedingt enthalten sein müßten, reagiert hätten.

Dann muß man sie eben weglassen. Um so hörbarer ihr Jammern, wenn das Buch ohne sie erschienen ist. Wer aber über sich selber schreibend beitrug, läßt seine Individualität erkennen. Dieser Grundsatz des »Sich-gehen-Lassens« verschaffte dem Buch seine »frische und ursprüngliche Sprache«. So ist auch die Personalie von Lina Morgenstern beschaffen.

Sie weiß am besten, welche Vereine, Wohlfahrtseinrichtungen und Lehranstalten sie anregte und mitbegründete. Vom Frauenverein zur Förderung der Fröbelschen Kindergärten (1859) bis zur Unterstützungskasse zur Speisung Notleidender in den Volksküchen. Nicht zu vergessen der Volksküchenverein (1866), der Kinderschutzverein (1868), die Akademie, in der sich junge Mädchen (1869) fortbilden konnten. 1869: Mitbegründerin des ersten Bildungsvereins für Arbeiterinnen und der ersten Krankenkasse und der Fortbildungskurse für Arbeiterinnen. 1873, wie erwähnt, der Berliner Hausfrauenverein, in dem Lina als Vorsitzende 1878 eine Kochschule für junge Mädchen gründete. Sie befand sich in der Breiten Straße zwischen dem Schloßplatz und der Neumannsgasse in der 1. Etage. Es gab dort um 1925 einen Mittagstisch, der von Angestellten aus der Umgebung gern genutzt wurde. Die Kochschule, die in den zwanziger Jahren den Namen Lina Morgensterns trug, wurde um 1935 aufgelöst, wie mir eine Leserin schrieb.

1876 entstand durch Initiative Linas die »Prämienkasse für brave Dienstboten«, 1881 der »Verein zur Rettung und Erziehung strafentlassener Mädchen«, der seit 1887 zur Erziehung schulentlassener armer Mädchen umgewandelt sich in Marienfelde befand; dort war auch die »Dienstbotenschule«.

1887 eröffnete Lina Morgenstern mit den Ärzten Dr. Flatau und Dr. Franziska Tiburtius Kurse zur häuslichen Krankenpflege und Gesundheitslehre.

Franziska Tiburtius (1843–1927) studierte von 1871 bis 1876 Medizin. In Zürich, denn deutsche Universitäten nahmen keine Frauen an. 1876 eröffnete sie im Berliner Norden eine Privatpraxis (zehn Pfennig Unkostenbeitrag für die Konsultation), aus der später die Klinik weiblicher Ärzte hervorging. Erst 1896 durften Frauen in Deutschland ohne ministerielle Erlaubnis als Hörerinnen an Universitätsvorlesungen teilnehmen.

In ihren Lebenserinnerungen rühmt Franziska Tiburtius die »gutherzige und tüchtige« Lina Morgenstern wegen ihrer sozialen Hilfstätigkeit und gibt ein paar Einzelheiten preis: Lina, eine »kleine, bewegliche« stets planende Frau, »mit freundlichen Augen hinter den hohen Brillengläsern«. Und mit Schwächen, wie vielleicht zu große Freude über ihr Werk: »Durch ihr kindliches Mitteilungsbedürfnis konnte sie anderen Verlegenheiten bereiten. Niemand war erstaunter darüber als Frau Lina; und ernstlich böse sein konnte man ihr auf die Dauer nicht. – Wer sie verstehen wollte, mußte sich in Gedanken über sie stellen und den ganzen Menschen überblicken« – das gilt wohl für die meisten von uns.

1882, und das wissen die wenigsten ihrer Biographen, gründete sich in New York eine Lina-Morgenstern-Loge »zur Unterstützung für Arme und Kranke und zur Geselligkeit«. Jährlich bekam Lina Morgenstern einen Tätigkeitsbericht zugesandt.

1895 versuchte Lina Morgenstern durch einen Vortrag im Berliner Rathaus über »Entbindungs-asyle für notleidende Wöchnerinnen« die Gründung solcher Anstalten anzuregen. Zu diesem Zweck konstituierte sich am 7. Januar 1897 ein Komitee des Kaiserin-Augusta-Vereins.

Im gleichen Jahr wurde Lina Morgenstern Mitglied im Vorstand der Deutschen Friedensgesellschaft, nachdem sie sich zuvor den Frauengruppen in England und Frankreich für den Völkerfrieden angeschlossen hatte.

Sie war Ehrenmitglied des internationalen Frauenclubs in St. Louis, USA, und gewählte Vizepräsidentin des internationalen Bundes fortschreitender Frauen, ebenso bei der Union universelle des femmes in London und Paris. »Der Weltverein in München unter Graf Pestalozzi Tragersheim« ernannte sie zum Ehrenmitglied.

1896: Erstmals in Deutschland legen sechs Mädchen am Berliner Königlichen Luisengymnasium die Abiturprüfung ab. Mit »Gut«. Ihre Namen seien genannt: Johanna Hutzelmann, Else und Margarete von der Leyen, Ethel Blume, Irma Klausner und Katharina Ziegler.

Frauen sind aus dem öffentlichen Leben nicht mehr wegzudenken.

Im Apollotheater wird die »Spreeamazone« von Paul Lincke uraufgeführt.

Vom 16. bis 26. September tagt in Berlin der »Internationale Kongreß für Frauenwerke und

Frauenbestrebungen«, einberufen von Lina Morgenstern. Der Magistrat stellt den Bürgersaal des Roten Rathauses zur Verfügung. Die führenden in- und ausländischen Frauenrechtlerinnen sind anwesend. Lina fehlt hier das diplomatische Geschick im Umgang mit den eigenwilligen Emanzipierten, den Vertretrinnen der Frauenbewegungen. Aber hatte sie nicht schon 1894 als eine der wenigen für die Aufnahme der sozialdemokratischen Arbeiterinnenvereine in den »Bund deutscher Frauenvereine« gestimmt? Es gab Unfrieden. Der soll uns hier nicht interessieren. Da ist noch viel Material für Forschungen, z. B. warum sich Frauenvereinigungen ähnlich zerstreiten müssen wie die Organisationen der Arbeiter.

Was hat Lina Morgenstern nach eigenen Angaben hauptsächlich studiert? Kultur- und Religionsgeschichte, die soziale Frage und die Frauenbewegung, Gesundheitslehre, Ernährungslehre, Haus- und Volkswirtschaft und Erziehungslehre. Das Verzeichnis ihrer Schriften ist so umfangreich, daß auf die Angaben bei Winkelhorst verwiesen sei.

Mit gutem Grund ist Lina Morgenstern als eine der wenigen Frauen in »Das geistige Berlin« vertreten.

DIE DEUTSCHE
HAUSFRAUENZEITUNG

Die »Deutsche Hausfrauenzeitung« wurde, wie erwähnt, 1874 gegründet und im ersten Jahr von Lina Morgenstern und Maria Gubitz geleitet, die später von dieser Aufgabe zurücktrat.

Zuerst erschien das Blatt im W. Peiser's Verlag (G. Kaliske), von 1879 bis 1884 im Verlag von H. S. Hermann, danach kurze Zeit im Verlag von Felix Lehmann, dem späteren Schatzmeister der »Freien litterarischen (!) Gesellschaft« (Ehrenvorsitzender: Theodor Fontane). Seit dem 1. Juli 1884 erschien das Blatt im »Verlag der Deutschen Hausfrauenzeitung«, den das Ehepaar Morgenstern gegründet hatte. 1891 lautete die Anschrift Lützowplatz 14. Seit 1895: Großbeerenstraße 5, nicht weit entfernt vom Anhalter Bahnhof.

Mit einer monatlichen Beilage für junge Mädchen (seit 1888) erschien die Zeitung jeden Sonntag. Meist mit einem Frauenporträt auf der Titelseite, verfaßt von Lina Morgenstern. Dazu Artikel über die Frauenbewegungen, über pädagogische, hygienische und hauswirtschaftliche Fragen, Biographien, Vereinsberichte und so weiter. Im Unterhaltungsteil gab es Gedichte und Novellen. Der Bezugspreis vierteljährlich 1,50 M, Anzeigen kosteten 1,60 M die Zeile.

Solche Periodika gehören nicht zu den Zeitungen, die von den Bibliotheken gesammelt wurden. Und werden. Daher wird sich kaum eine

Geschichte der »Deutschen Hausfrauenzeitung« schreiben lassen.

Von 1887 bis 1892 redigierte zusammen mit Lina Morgenstern die um ein Jahr ältere Jenny Hirsch (1829–1902) die »Deutsche Hausfrauenzeitung«. Die Lehrerin, Schriftstellerin und Übersetzerin war im Letteverein um die Förderung der Bildung und Berufstätigkeit der Frauen bemüht gewesen. Jenny Hirsch war eine produktive Autorin, die auch Kriminalromane schrieb. Sie liegt in Berlin auf dem Jüdischen Friedhof Schönhauser Allee begraben.

»Hausfrau« war für Lina Morgenstern kein abschätziger Begriff. Im Schlußwort zur 8. Auflage ihres Universalkochbuches wünscht sie im Oktober 1905 ihrer Leserin, sie möge »denkend und mit liebendem Pflegesinn« ihren häuslichen Beruf auffassen, für die Gesundheit ihrer Hausgenossen sorgen und den »hohen Rang« der Kochkunst erkennen, zu deren Ausübung »Verstand, Geschmack, Fleiß und Gewissenhaftigkeit« gehören.

1905, als 75jährige, gibt Lina Morgenstern die Leitung der »Hausfrauen-Zeitung« ab, die fortan als »Frauenreich« erscheint, aber mit dem vertrauten Namen im Titel. Die Gründerin arbeitet weiter mit und schreibt über ihre Lebensthemen Frauenrechte, Frieden und sozialen Fortschritt.

Es hat etwas Rührendes für den, der am Jahrhundertende zurückblickt, mit welchem Optimismus diese Frau in die Zukunft sah und ihr Publikum an Vorbildern zu orientieren suchte. Schillers 100. Todestag ist Anlaß genug, um im Berliner Hausfrauenverein am 22. März 1905 eine Vorfeier zu veranstalten. Seine Freiheitsliebe, sein Streben

🕮 Verbreitet in den Familien aller Länder! 🕮

Gegründet 1874.   Gegründet 1874.

Deutsche Hausfrauen-Zeitung

Wochenschrift
für die nationale und internationale Frauenbewegung und die gesamten Interessen der Frauenwelt,
mit einem
Unterhaltungsblatt für die Familie.
Organ des Berliner Hausfrauenvereins.
Herausgegeben und geleitet von
Frau Lina Morgenstern.

Jeden Sonntag erscheint eine Nummer von 1½ Bogen (12 Seiten). Bezugspreis für Deutschland und Oesterreich-Ungarn für ein Jahr 4 Mark einschl. Porto, für ein Vierteljahr 1.50 bei direkter Zusendung durch Buchhändler, Spediteure oder die Post. Für die anderen Länder des Weltpostvereins Jahresbezugspreis 7 Mark einschl. Porto, für ein Vierteljahr 1.75.

Für Australien Jahresbezugsgebühr 11,20 Mk., für ein Vierteljahr 3 Mk. Anzeigenpreis pr. 4 gespaltene Nonpareillezeile 40 Pfg. Bei Wiederholungen Rabatt. Aufträge nehmen entgegen die Verlagshandlung Potsdamerstr. 92 II, sowie sämtliche Annoncen-Bureaus und Agenturen.

Nr. 40.   Berlin, den 3. Oktober 1897.   XXIV. Jahrgang.

Die „Deutsche Hausfrauen-Zeitung" ist in der Postzeitungs-Liste für 1897 unter Nr. 1771 eingetragen.
Nachdruck der einzelnen Artikel ohne besondere Erlaubnis der Herausgeberin und ohne Quellenangabe nicht gestattet.

Wochenspruch.

Siehst Du am Weg ein Menschenleid,
So weiche nicht zur Seite aus,
Denk an das Leid, das Du erfuhrst,
Denk an das große Vaterhaus.

Heut sendet Dir der Herr den Greis
Der bittend seine Hände reckt,
Die morgen schon — gehst Du vorbei
Vom Tode starr sind ausgestreckt.

Umsonst, daß dann in Deiner Brust
Ein stiller Vorwurf pochen mag.
Drum, mahnt Dich Gott, so weich nicht aus,
Verschieb's nicht auf den nächsten Tag.

Franz Bone.

Baronin Alexandra v. Budberg,
geb. Gräfin Anrep-Elmpt.

Unter den Frauen, welche die allgemeine Beachtung verdienen für rastloses Streben, dem Wohle des weiblichen Geschlechts ihre Kräfte zu widmen, verdient Frau Baronin von Budberg eine hervorragende Stelle als Begründerin der weiblichen Kunstschule in Gennewitz-Poniewan, in Poniewan im Kreise des Kownoschen Gouvernements gelegen. Baronin Budberg entstammt väterlicherseits einem altadeligen livländischen

Baronin Alexandra von Budberg.

Geschlecht, das von Anrep, und wurde in Dorpat in Livland geboren. Ihr Vater, Joseph von Anrep, hatte sich in Persien und in der Türkei 1828, im Kaukasus, in der Ungarischen Campagne 1848 und im Krimkriege bedeutend ausgezeichnet; er blieb bis an sein Lebensende in Diensten, General en Chef und General-Adjutant der Kaiser Nikolaus I. und Alexander II. — Da er als Militär bald hier, bald dort in weiten russischen Reich in Garnison stand, nahm sich ihre Großtante, Minna von Neuenkampff, Besitzerin des Gutes Wack in Estland, Alexandrods mütterlich an. Im Hause dieser Dame verlebte das Kind die ersten Lebensjahre, von Liebe umgeben. Zu den liebsten Erinnerungen aus Alexandras Kinderjahren gehören die Zeiten, welche sie später in ungetrübten Glück bei ihrer Großmutter, der Gräfin Anna Elmpt, auf dem Gute Schmilten verbrachte. Später nahmen die Eltern das Kind zu sich und es wuchs, bei besten des Wohnortes, sich in der Krim in Kertsch auf, wo ihr Vater seine Familie auf längere Zeit etabliert hatte, denn im Kaukasus kommandierte. Des lebhaften und aufgeweckten Kindes nahmen nach Wahrhaftigkeit und Gerechtigkeit für alle beschreibt Lina Morgenstern in einem Vortrag über den Einfluß Schillers auf ihre geistige Entwicklung. Sie verfaßt Artikel über Schillers Wirken, über Ausstellungen und Ehrungen; nicht weniger nahe steht ihr Goethe, den sie in ihren Schriften gern zitiert.

NACHSPEISEN

Strudel.

❖

Einen guten Strudelteig zu bereiten ist eine Kunst, die durch Übung erlangt werden muß. Der Teig muß dünn wie ein Mohnblatt und so elastisch sein, daß er nicht reißen darf. Auf 1 l Mehl schlägt man 1 Ei, etwas Salz, $^1/_2$ Löffel Butter und so viel Wasser, daß man einen Teig erhält, der etwas weicher wie Nudelteig ist. Diesen bearbeitet man auf dem Nudelbrett mit dem Handballen aus, schlägt ihn hin und her bis er pflaumenweich wird, doch sich so fest anfühlt, daß er nicht klebt. In die Mitte des Nudelbrettes gibt man nun Mehl, den Teigklumpen darauf, stülpt eine im Ofen heiß gemachte trockene Kasserolle darüber und läßt ihn rasten. In einer halben Stunde kann man ihn dann verarbeiten. Man legt auf einen großen Küchentisch eine Serviette, bestreut sie mit Mehl, gibt den Teig in die Mitte, legt beide Hände zwischen Teig und Serviette und zieht nun den Teig von unten mit beiden Händen wie ein Mohnblatt dünn, gleichmäßig, ohne ihn zu zerreißen, über den Tisch aus.

Rahmstrudel.

—————— ◇ ——————

Man rührt 35 g Butter zu Sahne, gibt 4 Eigelb, $^{1}/_{2}$ l saure Sahne dazu, den Schnee der Eier, Zucker und Salz. Dies streicht man auf einen gut ausgezogenen mit bebutterter Semmelkrume bestreuten Strudelteig, streut Rosinen, Korinthen, gestiftelte Mandeln, Pignolen (Pinienkerne) und rollt ihn wie jeden Strudel leicht zusammen, indem man das vordere Ende der Serviette hebt und dies immer höher hebend, rollt sich der Teig von selbst zusammen. Man dreht ihn dann schneckenförmig, gibt ihn in eine Kasserolle, die mit Butter ausgestrichen ist, bestreicht den Strudel mit Butter und etwas von der gerührten Füllung, bäckt ihn braun, stürzt und bestreut ihn mit Zucker.

Karlsbader Kuchen.

—————— ◇ ——————

250 g Butter rührt man schaumig, dazu 4 Eidotter, 4 Löffel feste Sahne, 2 Eßlöffel Saccharinsirup (oder für Kranke 4 Maßlöffel Saccharin), 1 Eßlöffel gute Hefe, 100 g Mehl. Dies alles wird gut durchgearbeitet, auf einem Nudelbrett fingerdick zu einem Teig ausgewalkt, runde Kuchen ausgeschnitten, die man ein wenig gehen läßt und auf ein mit Butter überstrichenes Backbrett tut. Dann macht man aus 3 Eiweiß steifen Schnee, bestreicht die Kuchen damit, bestreut sie mit gehackten Mandeln und backt sie langsam.

Vanillenſauce.

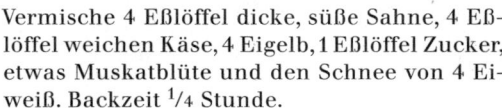

¹/₂ l Milch läßt man mit einer halben Stange
Vanille aufkochen bis die Vanille hinreichend
ausgezogen ist, tut 100 g Zucker und eine Prise
Salz dazu, dann quirlt man 2 Eigelbe und ¹/₂
Teelöffel voll Mehl mit etwas Milch klar, zieht
damit die Vanillenmilch ab, läßt sie unter fortwährend dem Rühren noch einige Augenblicke
am Feuer, ohne daß sie kocht und gießt sie
durch ein Sieb. Will man die Sauce zu einer
warmen Mehlspeise geben, dann setzt man sie
im Wasserbad heiß, zu einer kalten Mehlspeise
läßt man sie an einem kühlen Orte oder auf
dem Eise kalt werden und vermischt sie nach
Belieben mit etwas geschlagener Sahne.

Käseauflauf.

Vermische 4 Eßlöffel dicke, süße Sahne, 4 Eßlöffel weichen Käse, 4 Eigelb, 1 Eßlöffel Zucker,
etwas Muskatblüte und den Schnee von 4 Eiweiß. Backzeit ¹/₄ Stunde.

Eheftandsnüffe.

◇

1 Stange Vanille wird mit 500 g Zucker fein gestoßen, dann mit 10 ganzen Eiern so lange gerührt, bis sich Blasen aufwerfen. Nun werden
200 g Mehl und der Schnee von 2 Eiweißen hin-
zugefügt, mit einem Teelöffel Häufchen auf ein
mit Olivenöl bestrichenes Blech gesetzt und
diese im nicht zu heißen Ofen gebacken.

Taufendblättertorte.

◇

Aus einem viermal geschlagenen guten Butter-
teig werden 5–6 Teigböden gemacht, legt dieselben auf Wasser besprengte Bleche, bepin-
selt sie mit Ei, sticht jede Platte mit der Gabel
mehrere Male ein, damit der Teig beim Backen
keine Blasen bekommt und bäckt die Teigböden bei starker Hitze gar. Mit dazwischen ge-
strichener Marmelade legt man die Böden auf-
einander und glasiert den obersten mit Was-
serglasur.

EXKURS: DIE LÖSUNG
DER JUDENFRAGE?

$\mathfrak{H}$ätte es nicht die deutsche »Endlösung« dieser Frage gegeben, könnte anders geantwortet werden.

1907 veranstaltet Dr. Julius Moses, ein 39jähriger Arzt und Sozialist, eine »Rundfrage«. Die »blutigen Ereignisse der jüngsten Zeit im gewaltigen russischen Reich« drängen auf Lösung. Es gab schließlich seit zwanzig Jahren – 1887 – in Deutschland Strömungen, Hofprediger Stoecker und andere, kurzum, Dr. Moses stellt in seinem Essay fest: »Jedem Menschen, der genug moderne Geistesschulung besitzt, um auch Tatsachen, die ihm persönlich unbequem sind, zuzugeben –«, da stock ich schon, weil es im Berliner Bezirk Wilmersdorf eine Straße gibt, Seebergsteig, harmlos klingend, aber nach einem aggressiven, ideologischen Wegbereiter des Naziregimes benannt. Die sich solchen Straßennamens nicht schämenden Anwohner fürchteten den Neudruck ihrer Visitenkarten – und daher heißt ihre Straße nicht, wie vorgeschlagen, nach dem jüdischen Schriftsteller Walter Benjamin, der so einzigartige Berlin-Essays geschrieben hatte, ehe er als Emigrant umkam. Eine Zeitung meinte, die sich seit über fünf Jahren gegen die Umbenennung wehrenden Einwohner hätten den Namen Walter Benjamin nicht verdient; sie sollten ihren Nazi-Namen als Makel behalten.

Zurück zu Dr. Moses, der schrieb, »der Bestand der Judenfrage sei eine unbestreitbare Tatsache«, womit er die Bewohner des Seebergsteigs knapp neunzig Jahre später unbeirrt befragt...

Vier Fragen stellte Julius Moses an eine »größere Anzahl bedeutender Männer und Frauen«, darunter Lina Morgenstern.

1. Worin besteht nach Ihrer Anschauung das Wesen der Judenfrage?
Lina Morgenstern antwortet, »nicht mehr allein an dem Festhalten der Zeremonien und den rituellen Gebräuchen, sondern in dem Festhalten an den drei Glaubenssätzen: an den innigen, einzigen Gott, an die Fortdauer der Seele und an die einstige Menschenverbrüderung«.

2. Ist das Judenproblem für alle Länder gleich, oder bedarf es in verschiedenen Ländern verschiedener Lösung?
Lina Morgenstern: Es ist in allen Ländern eine gleiche, zu lösende Aufgabe: »durch Gerechtigkeit, Wahrhaftigkeit, allgemeine, wohltätige Nächstenliebe, durch Hingabe jedes einzelnen an soziale Hilfsarbeit, um Not zu lindern und zur Veredelung des Menschen beizutragen«.

3. Worin besteht nach Ihrer Anschauung die Lösung der Judenfrage?
Lina Morgenstern, bescheiden, sich als Minderheit bewußt, »wenn jeder Jude, jede Jüdin alles vermeidet, was uns christliche Mitbürger zum Vorwurf

der Rasseneigentümlichkeit machen, wodurch der Antisemitismus Nahrung erhält: Aufdringlichkeit, allzu lautes Wesen, prunkhaftes Protzentum«. Und, was die Ostjuden in Rußland betrifft, keine sie von anderen Bürgern unterscheidende Tracht, Sprache und Manieren.

4. Wenn Sie für die verschiedenen Länder eine verschiedene Lösung der Judenfrage für nötig erachten, worin besteht diese Lösung für Deutschland ...?
Lina Morgenstern antwortet ausführlich: »Verlangen wir in allen Ländern, die unsere Heimat sind, gleiche Rechte, so müssen wir alle Pflichten der Staatsbürger erfüllen. Wir müssen uns bestreben, Vorbilder zu werden durch glückliche, sittliche Ehen, durch ein Familienleben, welches unsere Häuslichkeit zu einer Stätte des Friedens und der Liebe macht, in der Ordnung, Sauberkeit und Freudigkeit an der Arbeit herrschen.« Und was die durch Beispiel und Erziehung vielseitig gebildeten Kinder angeht: »Das Bewußtsein ihrer Zusammengehörigkeit mit dem Judentum soll sie nie vergessen lassen, daß wir alle Glieder der Menschheit sind, deren Kulturentwicklung erfordert, daß alle Vorurteile bekämpft, jeder Religions- und Nationalhaß sowie Klassenhaß verschwinden mußten vor dem Ausüben der Gerechtigkeit und der Brüderlichkeit als Kinder eines Gottes, die alle gleichberechtigt sind.«
Was die Lösung der Judenfrage für den Reichstagsabgeordneten (1920–1932) Dr. Julius Moses angeht, der als Vorstandsmitglied der SPD ihr Sprecher für Gesundheitsfragen war, er starb am 24. September 1942 als Deportierter im KZ Theresienstadt.

DER GROSSEN
MENSCHENFREUNDIN

$\mathfrak{A}$m 16. Dezember 1909 um 11 Uhr 30 starb die 79jährige Kaufmannsfrau Lina Morgenstern in ihrer Wohnung Potsdamer Straße 82 a an »Grippe und Herzschlag«, so die Bescheinigung des 56. Polizeireviers und des Königlichen Standesamts III.

»Lina Morgenstern ist wenig begütert gestorben«, heißt es im Nachruf des »Berliner Lokalanzeigers«. »Schätze hat sie nie besessen, und hätte sie solche jemals gehabt, so würde sie diese in ihrem gütigen Herzen an die Bittsteller verteilt haben.«

»Der Ertrag ihrer Schriftstellerei war nicht eben bedeutend, so daß ihr Leben sich dauernd an den Grenzen der allerbescheidensten Auskömmlichkeit bewegte«, steht im Nachruf der »Berliner Morgenpost«.

»Lina Morgensterns Name gehörte zu den bekanntesten und meistgenannten der Stadt«, schreibt die »Vossische Zeitung«. »Viele ihrer Schöpfungen überleben sie, und in einzelnen hat sie sich ein Denkmal, dauernder als Erz, errichtet.«

Die »Deutsche Tageszeitung – Für Kaiser und Reich! – Für deutsche Art! – Für deutsche Arbeit in Stadt und Land« meldet den Tod der bekannten Vorkämpferin auf dem Gebiet der Frauen- und Jugendbildung: »Wenn man an ihren Vorhaben und ihren Mitteln zur Verwirklichung auch manches auszusetzen gehabt haben mag, so muß man der nun Verstorbenen doch zugestehen, daß sie sich von ihren Nachbeterinnen und den modernen Blaustrümpfen stets vorteilhaft abgehoben hat.« Dieses veraltete und im Sprachgebrauch ausgestorbene Wort, das auf englische Ursprünge zurückgeht, bedeutete damals eine Frau, die ihre hausfraulichen Pflichten zugunsten wissenschaftlicher und literarischer Vorhaben vernachlässigt.

Die »Deutsche Frauen-Zeitung« bringt eine Zwei-Zeilen-Meldung.

Die »Berliner Morgen-Zeitung« würdigt die Gründung der Volksküchen 1866, »die sich seitdem zu einer wohltätigen Institution für die Ärmsten der Armen« entwickelt haben. »Überall, wo Fragen diskutiert wurden, die ihr am Herzen lagen, war sie zu sehen, immer lebhaft und eifrig für ihre Ziele eintretend.«

Die Trauerfeier fand auf dem Friedhof der Berliner Jüdischen Gemeinde in Weißensee statt. Er war 1880 eingeweiht worden. »In der Halle des Friedhofs, in der der von Blumenspenden bedeckte Sarg aufgebahrt war«, berichtet die »Norddeutsche Allgemeine Zeitung«, waren die Vertreterinnen fast aller in Berlin bestehenden Frauenvereine versammelt. Frau Prof. Kaselowsky, die Vorsitzende des Lette-Vereins; Frau Dr. Proelß, die Vorsitzende des Vereins Frauenstreben; Frau v. Witt vom Verein Frauenwohl; Frau Geheimrat Geiger vom Verein zur unentgeltlichen Erziehung schulentlassener Mädchen für die Hauswirtschaft; Frau Mosler und Frau Dr. Friedmann für den Verein zur Speisung armer Kinder und Notleidender. Ferner der Oberstabsarzt Dr. v. Pannwitz, der Stadtverordnete Louis Sachs, der Gemeindevorstand Hahn, Frau Böttcher vom Verein für Frauenstimmrecht und die Ehrendamen der einzelnen Volksküchen. Ihre Majestät die Kaiserin sprach dem Verein Berliner Volksküchen telegraphisch ihr innigstes Beileid aus zu dem Verlust, der ihn durch den Tod seiner Begründerin betroffen hat.

Am Grabe sprachen die Rabbiner Dr. Hochfeld und Dr. Klemperer, der Onkel des Dirigenten Otto und Vater des Romanisten Victor Klemperer (LTI).

Der Reformrabbiner Klemperer, heißt es im »Berliner Börsen-Courier«, »rühmte ihre Verdienste um die sittliche und intellektuelle, wie nicht minder um die wirtschaftliche Hebung der unteren Volksschichten. Sie habe die vielverkannte Frauenbewegung zu Ehren gebracht, indem sie der Welt zeigte, daß man eine gute Frau und Mutter sein und dabei eine Vorkämpferin der Frauenrechte sein könne.«

Die Bestattung erfolgte in einem Ehrengrabe, meint die »Norddeutsche Allgemeine Zeitung«, »das die Jüdische Gemeinde der verdienstvollen Frau gewidmet hat«. Mag sein, jedoch in der Ehrenreihe finden wir ihr Grab nicht. Es liegt im Feld U 1 – von V 1 gesehen – am Anfang der Reihe 11.

Ihr Theodor überlebte sie nur bis zum September des nächsten Jahres. Wobei seine Daten auf dem Grabstein sämtlich falsch sind, wenn wir den amtlichen Papieren folgen: Geboren am 19. April 1826 (nicht 1827), gestorben am 11. September (nicht am 16. September) 1910, denn die Beerdigung fand am 14. September statt. Er hatte sein Lebtag nicht viel Glück mit Zahlen.

»Der teuren Mutter und großen Menschenfreundin« steht auf dem schwarzen Stein in Goldschrift.

Der teuren Mutter
und großen Menschenfreundin
Lina Morgenstern
geb. Bauer
geb. am 25. Nov. 1830
gest. am 16. Dec. 1909.
Unserm geliebten Vater
ihrem treuen Gefährten
Theodor Morgenstern
geb. am 19. April 1827
gest. am 16. Sept. 1910.
Zum Gedächtnis gewidmet
von ihren Kindern u. Freunden.

»Unserm geliebten Vater ihrem treuen Gefährten«.
Unten: »Zum Gedächtnis gewidmet von ihren Kindern u. Freunden«.

»Der Weltspiegel« des »Berliner Tageblatts« veröffentlicht in der Weihnachtsausgabe ein Foto von Lina Morgenstern. Da steht sie, wohl mitten in einem Vortrag für den Fotografen innehaltend, den rechten Arm angewinkelt, den linken an der Stelle im Buch, an der sie gleich fortfahren wird mit ihrer Rede. Immer ist sie so gekleidet wie meine Urgroßmütter. Dunkel, hochgeschlossen. Ernst.

Lina Morgenstern, die Begründerin der Berliner Volksküchen, schreibt »Der Weltspiegel«, »ist vor einigen Tagen im Alter von 79 aus dem Leben geschieden«. Das klingt im heutigen Sprachgebrauch nach Freitod, damals nicht. Sie kam »vor mehr als fünfzig Jahren nach Berlin, in dessen soziales Leben sie sofort werktätig eingriff. Der Kindergarten-Verein war ihre erste Berliner Gründung, die heute noch blüht und gedeiht. Der von ihr vor 40 Jahren ins Leben gerufene Kinderschutz-Verein sollte der Säuglingssterblichkeit entgegenwirken. 1866 wurde die erste ihrer Volksküchen eröffnet. In rastloser, hingebender Arbeit für das Allgemeinwohl verrann das Leben der geistvollen Frau, die sich auch als Schriftstellerin einen Namen gemacht hat. – Das Damen-Skikostüm ›Galotti‹, die neueste Errungenschaft auf dem Gebiete der Sportmoden, ist ein regelrechter Herrenanzug, nur etwas fescher, als ihn sonst das stärkere Geschlecht zu tragen pflegt . . .« Ist das etwa ein schlechter Nachruf auf Lina Morgensterns Bemühen um die Frauen?

Und was ist mir ihr als Jüdin?

Ludwig Geiger ehrt sie in der »Allgemeinen Zeitung des Judentums« am letzten Tage des Jahres 1909 mit den Worten: »Lina Morgenstern war und blieb eine gute Jüdin. Beobachtete sie auch keine rituellen Vorschriften, wirkte sie auch ausschließlich im allgemeinen, nicht in jüdischen Vereinen, so verharrte sie als eine treue Tochter ihres angestammten Glaubens.«

KEINE LINA-MORGENSTERN-STRASSE?

$\mathfrak{R}$egsamer Gegenwartsmensch«, so hat Helene Lange (1848–1930) Lina Morgenstern bezeichnet, ihr liberale Gesinnung, humanistische Ideale und »überkonfessionellen Moralismus« bescheinigt und sie bedeutende Repräsentatin »der ersten Generation der deutschen Frauenbewegung« genannt. Andere sahen sie als »hochherzige und opferreiche Persönlichkeit«, bemängelten nur, daß sie der bürgerlichen Frauenbewegung näher stand als der proletarischen.

Der Rabbiner Dr. Hochfeld hatte an Lina Morgensterns Sarg als ihre bedeutsamste Leistung gewürdigt, »daß sie in der Zeit des konfessionellen Haders es verstanden habe, die konfessionellen Gegensätze zu überbrücken«.

An dem Haus Alte Schönhauser Straße 9–10 wurde im Juni 1993 eine Gedenktafel für die einst dort untergebrachte »Jüdische Kindervolksküche« montiert.

Foto: Jürgen Henschel

Andere rühmen sie als Autorin der Kinder- oder Kochbücher. Ihre wesentliche Leistung aber bleiben die Volksküchen. Eine nie gezählte, nicht zu zählende Anzahl Menschen verdankt dieser Einrichtung ihr Überleben.

1938 gab es im Berliner Straßenverzeichnis noch eine Volksküche. Die der »israel. Gemeinde, Gormannstr. 3«.

In ihrem Buch »Nächstenliebe war ihr Werk«, das sich mit bedeutenden Frauen in der sozialen Arbeit beschäftigt, fragt Ursula Foertsch – und um 1975 hatten mehr Deutsche als heute lebhafte Erinnerungen an die Kriegszeit: »Wer von all den Menschen, die den Zweiten Weltkrieg miterlebten, ahnte wohl, daß die nach Luftangriffen verabreichten Suppen des Roten Kreuzes und die während der Berliner Luftbrücke von mehreren Verbänden eingerichteten Volksküchen auf Lina Morgensterns Ideen zurückgingen?« Fehlt als Zusatz: »der Berliner Jüdin«.

Krieg gilt, leider, als Vater aller Dinge. Er hat auch die Volksküchen gezeugt. Wundert es, wenn Lina Morgenstern den Frieden als höchstes Ziel sieht und durch ihr Dasein und Wirken anstrebt? Sie hatte das Soldatenelend auf den Berliner Bahnhöfen mitgelitten. Das war bald vergessen. »Das Pathos des vaterländischen Aufbruchs« (Irma Hildebrandt) »wirkte stärker als ihre glanzlosen Worte der Vernunft.«

Lina Morgenstern hat nicht erlebt, mit welchem Jubel der Erste Weltkrieg ausgebrochen wurde, wie er verlorenging. (»Nie wieder Krieg!«) Dann wurde der Zweite Weltkrieg angefangen, bald bejubelt, endlich kapitulierte Deutschland bedingungslos.

(»Nie wieder ein Gewehr in die Hand...«) Seither gibt es zur geistigen Volks-Unterernährung statt Kriegs- nur noch Verteidigungsminister.

Und da etliche deutsche Kasernen nach Nazigenerälen benannt sind und vermutlich bleiben, darf eine Zukunft befürchtet werden, in der es wieder Volksküchen wird geben müssen. Aber ohne eine Lina Morgenstern. Ihresgleichen hat man größtenteils durch Auschwitz beseitigt.

Falls jemand fragen sollte: Keine Straße, kein Platz ist nach Lina Morgenstern benannt. Aber seit Ende 1996 trägt die 3. Gesamtschule in Kreuzberg ihren Namen. Mädchen verteilten vor der Feier bunte Blätter mit Rezepten aus Lina Morgensterns Kochbuch. Von dieser Schule werden Impulse ausgehen...

Ich erinnere mich gut an die Volksküche in einem Schulgebäude am Tempelhofer Ufer im Nebenhaus. Wir gaben Lebensmittelmarken ab, und mein Vater holte dort täglich ein warmes, überaus schmackhaftes Essen, das wir 1948 mit der uns zugeteilten Ration nie so gut und reichlich hätten kochen können. Damals hörte ich zum erstenmal das mir fremde Wort »Volksküche«, das zum roten Faden dieses Buches wurde.

DANKZETTEL

Kaum war im Sommer 1980 in meiner wöchentlichen Rubrik »Mit beiden Augen« in der »Wochenpost« das Feuilleton »Die Suppen-Lina« erschienen, kam ein Brief von Dorothea Gerth (die heute vielleicht nicht mehr am Leben ist). Sie berichtete von der Kochschule des Berliner Hausfrauenvereins zwischen 1929 und 1935. Für meine Buchabsicht »Suppenlina« suchte und fand Petra Juliane Kerber um 1983 etliches in Bibliotheken. Das Buch über die Menschenfreundin jedoch wurde aufgeschoben. Volksküchen waren damals für uns bloß deutsche Vor- und Frühgeschichte.

Statt dessen war über Rosa Luxemburgs »Liebste Mathilde« zu schreiben! Über ihre als Unperson aus unserer Gegenwart gelöschte beste Freundin und Sekretärin. Es war so notwendig und aktuell, daß das Buch erst 1985 mit einjähriger Verspätung erscheinen durfte.

Nach einem Rundgang über den Jüdischen Friedhof in Berlin-Weißensee drängten Peter und Liane Hüne, das Lina-Morgenstern-Buch zu vollenden. Dabei unterstützt von Christa Berry, die ihr Morgenstern-»Universal-Kochbuch« großzügig unbefristet auslieh. Ohne zu ahnen, daß nach dem Gebrauch durch unsereins eine Buchbinder-Behandlung, um nicht zu sagen Restaurierung, mehr als dringlich werden würde. Die Edition Hentrich kümmerte sich um nah- und fernliegendes Material. Das Bundesarchiv, Abteilungen Potsdam, stellte seinen Lina-Morgenstern-Nachlaß zur Verfügung. Was blieb mir übrig, als das in Ansätzen begonnene Buch zu schreiben. In der Zeitungssammlung der Deutschen Staatsbibliothek ließen sich Nachrufe finden.

Schriftstellerin Dagmar Nick, Urgroßnichte von Lina Morgenstern, und Urenkel Christian Arendt, beide München, halfen mit Wort und Bild aus dem Familienarchiv. So daß einiges hier erstmalig veröffentlicht werden kann.

Andreas Winkelhorst mit seiner Magisterarbeit, die Universitäts-Bibliothek Wuppertal und Hans Kasper, damals Direktor der Benutzungsabteilung der Deutschen Staatsbibliothek in der Stiftung Preußischer Kulturbesitz, waren bereits 1991 hilfreich.

Dr. Hermann Simon, Direktor der Stiftung Neue Synagoge Berlin – Centrum Judaicum –, der mit geschätztem kritischen Auge mein Manuskript durchsah und mir Unbekanntes wie »Die Lösung der Judenfrage« schickte, sei dafür und für langjährig empfangene gute Worte und Taten Dank gesagt.

Die Berliner Autorin Regina Scheer gab wertvolle Hinweise zur Morgenstern-Familie. Renate Kirchner war als Bibliothekarin der Jüdischen Gemeinde hilfreich wie seit vielen Jahren. Desgleichen Joachim (Buch) Fischer. Ferner Pieke Biermann, Klaus-Peter Rimpel u. a.

Lothar Uebel verdient Dank für das Kapitel über Kreuzbergs Bürgermeister Carl Herz, ebenso Alfred Etzold für seine Forschungen über jüdische Frauen in Berlin. Schulfreund Hans-Hermann Röttger fand manches über die Kaiserin Augusta.

Berlin-Pankow, Ende Dezember 1996   H. K.

LITERATUR (Auswahl)

Lina Morgenstern:
I. Hilfsbuch zur Gründung, Leitung u. Controle von Volksküchen. II. Kochrezepte der Berliner Volksküchen. III. Geschichte des Vereins von 1866–1900, verfaßt von Lina Morgenstern, III. Auflage, Berlin (1900)

Illustriertes Universal Kochbuch für Gesunde und Kranke von Lina Morgenstern. 8. sorgfältig durchgesehene und vermehrte Auflage. Berlin 1906

Die Frauen des 19. Jahrhunderts. Band 1. Berlin 1888

Winkelhorst, Andreas:
Soziale Frage und Frauenfrage im schriftstellerischen und sozialpolitischen Wirken Lina Morgensterns (1830–1909), Wuppertal 1986

Es geht mir verflucht durch Kopf und Herz.
Vergessene Briefe an unvergessene Frauen. Dort: Dagmar Nick an Lina Morgenstern, Hamburg 1990

Etzold, Alfred, Peter Kirchner und Heinz Knobloch:
Jüdische Friedhöfe in Berlin, Berlin (DDR) 1980

Etzold, Alfred, Joachim Fait, Peter Kirchner, Heinz Knobloch:
Die jüdischen Friedhöfe in Berlin, Berlin 1991

Fassmann, Maya:
Lina Morgenstern, in: Jüdische Frauen im 19. und 20. Jahrhundert, Reinbek bei Hamburg, 1993

Haubricht, Mathilde:
Lina Morgenstern. Ein Lebensbild, Berlin 1989

Hildebrandt, Irma:
Suppenlinas Volksküchen, in: Zwischen Suppenküche
und Salon, Berlin 1995

Knobloch, Heinz:
Die Suppenlina, in: Wochenpost Nr. 47/1980

Knobloch: Heinz:
Berliner Grabsteine, Berlin (DDR) 1987

»Tuet auf die Pforten«.
Die Neue Synagoge 1866–1995, Berlin 1995

Zabel, Hans-Henning:
Morgenstern, Lina. (Biographisch-bibliographische
Angaben.) Jüdische Gemeinde Berlin (o. O., o. J.)

Brümmer: Lexikon der deutschen Dichter..., Leipzig
(o. J.) 1913
Das Litterarische Berlin, Berlin (1895)
Denvier, Bernard: Impressionismus, Meisterwerke der
Malerei, Band 1, Künzelsau 1991
»Der Weltspiegel« Berliner Tageblatt, Nr. 103, 25. Dez. 1909
Dichter der Gegenwart. Die bekanntesten deutschen...,
Lübeck (1895)
Die Gartenlaube, Leipzig 1866/1870/1871
Juden in Kreuzberg, Edition Hentrich, Berlin 1991
Juden in Preußen, Berlin 1981
Jüdisches Lexikon, Band IV/2, Berlin (o. J.)
Kreuzberg 1933, Berlin 1983
Kürschners Deutscher Litteratur-Kalender, Stuttgart 1891
Kürschners Literatur-Kalender, Nekrolog, Berlin (1935)
Laforgue, Jules: Berlin. Der Hof und die Stadt, 1887, Frank-
furt/M. 1981

Lange, Annemarie: Berlin zur Zeit Bebels und Bismarcks, Berlin 1972

Lange, Annemarie: Das wilhelminische Berlin, Berlin 1962

Lexikon des Judentums, Gütersloh–Berlin–München–Wien 1971

Marheineke-Markthalle, Aus der Geschichte der..., Berlin 1989

Moses, Julius: Die Lösung der Judenfrage, Berlin/Leipzig 1907

Neues Lexikon des Judentums, Gütersloh/München 1992

Ring, Max: Die deutsche Kaiserstadt Berlin und ihre Umgebung, erschienen 1883–1884, Reprint Leipzig 1987

Scheer, Regina: Ahawah, Das vergessene Haus, Berlin/Weimar 1992

Von der Kaiserstadt nach Groß-Berlin, Illustrierte Chronik 1871–1920, Berlin 1993

Wrede/von Reinfels: Das geistige Berlin. Erster Band, Berlin 1897

Zeller, Susanne: Geschichte der Sozialarbeit als Beruf, Pfaffenweiler 1994

ABBILDUNGSNACHWEIS

Archiv des Autors (8)
Archiv Christian Arendt (3)
Bundesarchiv, Abteilungen Potsdam (1)
Lina-Morgenstern-Oberschule, Berlin (1)
Jürgen Henschel (1)

PERSONENREGISTER

REZEPTREGISTER

VOLKSKÜCHE